Rainer Hauke

AF551976

"Gott ist die Liebe."

Ein kleiner Gang durch unsere religiöse Landschaft heute

Fromm Verlag

Impressum/Imprint (nur für Deutschland/ only for Germany)
Bibliografische Information der Deutschen Nationalbibliothek: Die Deutsche Nationalbibliothek verzeichnet diese Publikation in der Deutschen Nationalbibliografie; detaillierte bibliografische Daten sind im Internet über http://dnb.d-nb.de abrufbar.
Alle in diesem Buch genannten Marken und Produktnamen unterliegen warenzeichen-, marken- oder patentrechtlichem Schutz bzw. sind Warenzeichen oder eingetragene Warenzeichen der jeweiligen Inhaber. Die Wiedergabe von Marken, Produktnamen, Gebrauchsnamen, Handelsnamen, Warenbezeichnungen u.s.w. in diesem Werk berechtigt auch ohne besondere Kennzeichnung nicht zu der Annahme, dass solche Namen im Sinne der Warenzeichen- und Markenschutzgesetzgebung als frei zu betrachten wären und daher von jedermann benutzt werden dürften.

Coverbild: www.ingimage.com

Contact:
International Book Market Service Ltd., 17 Rue Meldrum, Beau Bassin, 1713-01 Mauritius
Website: www.bookmarketservice.com
Email: info@bookmarketservice.com

Gedruckt in: USA, UK, Deutschland. Dieses Buch wurde nicht in Mauritius produziert.

Imprint (only for USA, GB)
Bibliographic information published by the Deutsche Nationalbibliothek: The Deutsche Nationalbibliothek lists this publication in the Deutsche Nationalbibliografie; detailed bibliographic data are available in the Internet at http://dnb.d-nb.de.
Any brand names and product names mentioned in this book are subject to trademark, brand or patent protection and are trademarks or registered trademarks of their respective holders. The use of brand names, product names, common names, trade names, product descriptions etc. even without a particular marking in this works is in no way to be construed to mean that such names may be regarded as unrestricted in respect of trademark and brand protection legislation and could thus be used by anyone.

Cover image: www.ingimage.com

Contact:
International Book Market Service Ltd., 17 Rue Meldrum, Beau Bassin, 1713-01 Mauritius
Website: www.bookmarketservice.com
Email: info@bookmarketservice.com

Copyright © 2012 by the author and Fromm Verlag and licensors
All rights reserved. Beau-Bassin 2012

Printed in: U.S.A., U.K., Germany. This book was not produced in Mauritius.

ISBN: 978-3-8416-0313-5

Rainer Hauke

"Gott ist die Liebe."

Inhaltsverzeichnis

1. Mein Ausgangspunkt

„Gott ist die Liebe." Das ist wahr. Jedenfalls sagen das fast alle, die an Gott glauben. Manche sagen zwar noch mehr - aber wenn es um eine formelhafte Konzentration ihres Glaubens und Bekennens geht, dann ist dieser Satz auch der Satz ihrer Wahl. Der Satz taugt zur Fokussierung der christlichen Botschaft in den einschlägigen Lehrbüchern der Dogmatik[1] wie zum Leitwort der programmatischen ersten Enzyklika von Papst Benedikt XVI.[2] Er fasst den Glauben von Gemeindegliedern zusammen. Er drückt die Erwartung aus, die Nichtgläubige an Gott haben. Er ist biblisch.[3] Und es gibt eine Reihe weiterer Sätze, die Konsequenzen aus diesem ersten Satz ziehen, Sätze wie: „Gott nimmt jeden so an, wie er ist." Aber ist dieser Satz - für sich genommen - wirklich geeignet, *die* Kurzformel des christlichen Glaubens zu sein, als die er (gegenwärtig) erscheint?

Im Anschluss an akademische, gemeindliche und persönliche Erfahrungen möchte ich in diesem Buch den Versuch machen, diesen Satz (und weitere Kurz-Sätze des christlichen Glaubens) zu diskutieren. Das führt zu einer Einschätzung der religiösen „Landschaft"[4], die diesen Satz in vielen Fällen als Ausdruck einer neuen, postchristlichen Religion versteht. Um zu dieser Einschätzung zu gelangen, reicht es nicht aus, diesen einen Satz exemplarisch innerdogmatisch zu erörtern, sondern es wird nötig sein, seine

[1] Vgl. Eberhardt Jüngel, Gott als Geheimnis der Welt. Zur Begründung der Theologie des Gekreuzigten im Streit zwischen Theismus und Atheismus, Tübingen [3]1978; Wilfried Härle, Dogmatik, Berlin [2]2000.
[2] Vgl. Papst Benedikt XVI., Enzyklika *Deus Caritas est* vom 25.12.2005.
[3] Vgl. 1 Joh 4, 8.16.
[4] Mein Beobachtungspunkt ist die Stadt Berlin und ihre Entwicklung seit der Wende. Das von mir gezeichnete ‚Landschaftsbild' dürfte jedoch größer und in vielen Teilen Deutschlands wiederzuerkennen sein. Als empirische Grundlage für die zukünftige Auswertung dieser Frage bietet sich das gleichzeitig mit diesem Aufsatz entstandene Projekt von missio an: „10.000 Antworten für den Papst - 10.000 Mal Hoffnung". Das Internationale Katholische Missionswerk missio fragte im Jahre 2006 die Menschen in Deutschland: „Woran glaubst du? Wofür lebst du? Was gibst du?". Nach zwei Monaten lagen mehr als 6000 Antworten vor, die unter „www.missio.de" nachzulesen sind. Auf einer Schriftrolle wurden ausgewählte Antworten dokumentiert und dem Papst am Sonntag, 10. September 2006, überreicht. Da die Aktion über den Papstbesuch hinaus andauerte, sollten alle deutschen Glaubensantworten als Buch erscheinen und im Mai des folgenden Jahres Benedikt XVI. überreicht werden. Vgl. auch die Umfrage der Zeitschrift GEO zum Thema Glauben unter www.geo.de.

Verwendung (und die anderer, ähnlicher Sätze) innerhalb und außerhalb der christlichen Kirchen in Betracht zu ziehen, seinen jeweiligen „Sitz im Leben“ mit zu berücksichtigen. Insofern damit auch grundsätzlich empirisch verifizierbare Aussagen gemacht werden, wird es gewiss immer auch mögliche Gegenaussagen geben. Dennoch lässt sich meine Fragestellung nicht vorab durch Umfragen beantworten. Ich stelle vielmehr eine fundamentaltheologisch gewonnene These vor.[5]

2. Erste theologische Schritte

Noch am Gymnasium ging ich meine ersten selbständigen theologischen Schritte. Bei der Vorbereitung eines Schulgottesdienstes machte ich dabei nicht nur Bekanntschaft mit theologischen Einsichten, sondern auch mit ihren schmerzhaften Folgen: Der Schulpfarrer stellte mir die Aufgabe, eine Ansprache über einen Abschnitt aus dem ersten Johannesbrief zu halten. Das gefiel mir. Da las ich Sätze wie „Gott ist die Liebe”. Mathematisch geschult, kam ich schnell auf die Umkehrung: „Die Liebe ist Gott.“ Wer hörte das nicht gern - nicht nur damals, im Jahre ’69, als sich alle Welt nach San Francisco aufmachen wollte, der Blumenkinder und der Liebe wegen? Um den Mitschülern diese Einsichten auch überzeugend zu vermitteln, rief ich Johannes selbst zum Zeugen an. Das Argument: Er war dabei. Er hat alles gesehen: „Was wir gesehen und gehört haben, verkündigen wir auch euch.” (1 Joh 1, 3) Das Argument verfehlte seine Wirkung. Meine theologisch offensichtlich besser gebildeten Mitschüler meinten, das habe doch irgendjemand viel später bloß so aufgeschrieben, um genau diesen Anschein zu erwecken. Die bloße Behauptung: „Ich war dabei”, sei doch kein Beweis. Andererseits: „Gott ist die Liebe” und „die Liebe ist Gott” - das kam durchaus

[5] Insofern es um ontologische Grundlagen des christlichen Glaubensverständnisses und um unsere gesellschaftliche Situation heute geht, ist dieser Aufsatz auch eine Fortführung der Ergebnisse meiner Habilitationsschrift: Rainer Hauke, Gott-Haben - um Gottes Willen. Andreas Osianders Theosisgedanke und die Diskussion um die Grundlagen der evangelisch verstandenen Rechtfertigung. Versuch einer Neubewertung eines umstrittenen Gedankens, Frankfurt 1999 (Kontexte. Neue Beiträge zur Historischen und Systematischen Theologie 30). Dem Charakter eines Aufsatzes entsprechend kann es sich hier nur um Anregungen handeln.

bei ihnen an. Das wollten sie hören - egal, wie es um die Glaubwürdigkeit dessen stand, der das gesagt oder geschrieben hatte. Schmerzlich an meinem Auftritt war nicht allein, dass mein Argument ins Leere ging, sondern eine weitere Diskussion, die die Ansprache auslöste. Der Schulleiter kritisierte: „Hauke, Sie sollten bei einer Rede nicht die Hand in die Hosentasche stecken, um Ihre Lässigkeit zu betonen!" Andere nahmen das auf. Wie wichtig nichttheologische Faktoren für die Verkündigung und ihr Verstehen sind, wurde mir also damals schon deutlich. Später erfuhr ich: Nicht die Hand in der Hose war in Wirklichkeit das Problem gewesen, sondern mein Argument von der Wahrheit und Wahrhaftigkeit des Zeugen Johannes hatte so manchen nicht gepasst. Mein mathematisch-naturwissenschaftlich geprägter Schulleiter bevorzugte die skeptische Distanz zum christlichen Glauben. Meine durchaus kritikwürdige (Körper-)Haltung kam ihm da nur Recht, um diese Distanz aufrechterhalten zu können. Was ich lernte, war: Man muss seine Kritiker verstehen, unter Umständen besser verstehen, als sie sich selbst verstehen. Was ich außerdem noch lernte: Auch Zustimmung kann für den Glauben ein Problem sein: „Gott ist die Liebe" – „Na klar. Das wissen wir doch. Du erzählst uns, was wir schon wissen. Und: Muss man dazu eigentlich so viele Worte machen?" Kann Wissen den Glauben überflüssig machen? So dachten wohl manche, Lehrer und Mitschüler.

3. Bekenntnissätze in der christlichen Tradition

An der Universität lernte ich bald die schon traditionelle Bedeutung kurzer Sätze für den christlichen Glauben kennen - für dessen Selbstverständigung nach innen und seine Kommunikation nach außen. „Jesus ist der Herr" - aus diesem Grund-Satz ließ sich die altkirchliche Christologie entfalten: Der Mensch Jesus wird identifiziert mit Gott. Dessen Name wird aber in jüdischer Tradition nicht genannt, sondern wird ersetzt durch den Ehrfurchtsbegriff *adonai*, Herr. Erst zwei-, dann dreigliedrige Formeln bilden den Grundstock für die ausführlicheren frühen christlichen Bekenntnisse - wie das Taufbekenntnis der Christen in Rom und die Bekenntnisse der Konzilien von Nicäa und

Konstantinopel.[6]

Diese Bekenntnisse erscheinen nicht erst Konfirmanden von heute als außerordentlich kompliziert: Muss der christliche Glaube denn so komplex sein? Die großen traditionellen Glaubensbekenntnisse scheinen auch Fragen zu beantworten, die viele Menschen gar nicht haben - bis dahin, dass sie Sätze formulieren, die eher Glaubensschwierigkeiten hervorrufen als zum freudigen Bekenntnis einladen.[7] Als Reaktion darauf gab und gibt es Versuche, die alten Bekenntnisse durch historische Forschung im Kontext ihrer Entstehung besser zu verstehen[8] und sie zugleich systematisch neu zu durchdringen.[9] Aber muss man so viel wissen, um zu glauben? Im Bereich der Jugendarbeit wurde in den 70er Jahren des vorigen Jahrhunderts dazu eingeladen, den ‚eigenen' Glauben zu formulieren.[10] Neue Glaubensbekenntnisse nahmen neue Themen auf.[11] Traditionelle Themen wie die trinitätstheologische Prägung des christlichen Bekenntnisses traten zurück, Jesus wurde zum Synonym für alles Gute. Neue religiöse Bewegungen im Christentum - wie die der Jesuspeople - brachten parallel zur Christozentrik der seinerzeitigen Theologie[12] eine neue Jesusfrömmigkeit hervor: „Jesus liebt dich."

4. Das Projekt *Kurzformeln des Glaubens*

Neben die Erforschung der altkirchlichen Bekenntnisbildung trat in den 70er

---

[6] Vgl. John Norman Davidson Kelly, Early Christian Creeds, London ^{3}1972.

[7] „Das kann man doch alles nicht mehr glauben!" Und dann kommt die lange Liste ‚anstößiger' Stellen: von der Allmacht Gottes über sein Vatersein, über die Jungfrauengeburt bis zum Höllenabstieg Christi.

[8] Vgl. z.B. Friedrich Wilhelm Kantzenbach, Credo. Das Apostolikum und christlicher Glaube heute, München 1985.

[9] Vgl. z.B. Josef Ratzinger, Einführung ins Christentum, München 1968 und Wolfhart Pannenberg, Das Glaubensbekenntnis. Ausgelegt und verantwortet vor den Fragen der Gegenwart, Gütersloh 1982.

[10] Vgl. z.B. Mein Liederbuch für heute und morgen, Düsseldorf ^{13}2001, 22-25 und Glaubensbekenntnisse für unsere Zeit, hg. von Gerhard Ruhbach, Gütersloh 1985.

[11] Vgl. z.B. das Glauberger Schuldbekenntnis, das den Tierschutz zu einer Frage des Glaubens macht: www.dike.de/akut/GSB.htm.

[12] Vgl. die theologischen Entwürfe Karl Barths und Karl Rahners.

Jahren die Suche nach neuen „Kurzformeln des Glaubens".[13] Die katholische Theologie sah darin einen Weg zur Erfüllung des Auftrags des II. Vatikanischen Konzils und zum *aggiornamento* der christlichen Verkündigung.[14] Für die evangelische Theologie war und ist die Auseinandersetzung mit solchen Kurzformeln auch ein Akt ökumenischen Lernens - ausgehend von der (trinitarisch weiterentwickelten) Basisformel des Weltrates der Kirchen.[15] Die zunehmende Zahl von Begegnungen mit christlichen Gemeinden anderer Nationalität stellt auch vor die Frage nach deren Glauben.[16]

Zunehmend (und für manche unerwartet) wurde eine alte Gattung theologischer Literatur wiederbelebt: Neue Katechismen wurden verfasst.[17] Deren Umfang übertraf jedoch die alten in der Regel bei weitem und verließ den Rahmen von *Kurz*formeln. Neben den Arbeiten vieler Theologen zum Thema[18] gibt es jedoch auch einen weiteren Ort, der zwar manchmal den Eindruck einer beinahe „theologiefreien Zone" macht, gerade so aber zum Entstehungsort von Überzeugungen wird, die den gelebten christlichen Glauben prägen - die Ortsgemeinde. Zwischen Sozial-, Bürger- und Kulturarbeit leben hier Überzeugungen, denen auf den Grund zu gehen sich theologisch lohnt.[19]

---

[13] Vgl. z.B. die Beiträge in Concilium 14 (1978) Heft 10.

[14] Vgl. Karl Rahner, Grundkurs des Glaubens, Freiburg 1976, 430-440.

[15] „Der Ökumenische Rat der Kirchen ist eine Gemeinschaft von Kirchen, die den Herrn Jesus Christus gemäß der Heiligen Schrift als Gott und Heiland bekennen und darum gemeinsam zu erfüllen trachten, wozu sie berufen sind, zur Ehre Gottes, des Vaters, des Sohnes und des Heiligen Geistes."

[16] Ein Beispiel: Die mehr als 70 afrikanischen Gemeinden in Berlin, die bürgerlichrechtlich als e.V. organisiert sind, brauchen für den ökumenischen Kontakt zu den Landeskirchen (z.B. für die Frage der Anmietung von Kirchen zu gottesdienstlichen Zwecken) eine „Confession de foi".

[17] Vgl. den „Holländischen Katechismus" von 1966 und den „Katechismus der katholischen Kirche" von 1993 auf römisch-katholischer Seite und den Evangelischen Erwachsenenkatechismus von 1975 sowie Aufschlüsse. Ein Glaubensbuch, Berlin [3]1979 im deutschen Sprachraum auf evangelischer Seite.

[18] Vgl. besonders die Arbeiten von Karl Rahner und Hans Küng.

[19] Die periodischen Emnid-Umfragen „Was glauben die Deutschen?" (seit 1967) unterscheiden nur recht pauschal hinsichtlich der kirchlichen Bindung der Befragten. Auch das großangelegte Projekt von Klaus-Peter Jörns, das u.a. im Kreuzberger Stadtteil „Otto-Suhr-Siedlung" seinen Anfang nahm, geht bewusst nicht vom Glauben der Kirchenmitglieder aus, obwohl diese (z.B. Mitglieder der Kirchengemeinde St. Jacobi-Luisenstadt) stärker beteiligt waren, als dies der ursprünglichen Absicht des

5. Neue Glaubenssätze

Von den zahlreichen biblischen und altkirchlichen Bekenntnisformulierungen gehört nur das Apostolische Glaubensbekenntnis in den „Kanon" des kirchlichen Unterrichts.[20] In die neuen Gesangbücher haben zusätzlich einige biblische Kurzformeln als Zwischengesänge und Akklamationen Aufnahme gefunden.[21] Daneben hat es eine besondere Entwicklung gegeben, auf die ich hier meine Aufmerksamkeit richten will: In Verkündigung und Gemeindeglauben hat sich eine Art Gemeindetheologie in Kurzformeln entwickelt, die den christlichen Glauben zu prägen begonnen hat. Welche Sätze lassen sich da benennen?

Da es mir in diesem Essay nicht um eine empirische Studie geht, sondern um den Versuch einer systematisch-theologischen Einordnung dieser Entwicklungen, greife ich auf anderenorts gemachte Beobachtungen zurück, ohne mir jedoch deren theologische Beurteilung dieser „neuen Glaubenssätze" zu eigen zu machen.[22] Vielmehr habe ich die Absicht, eigene und in der Literatur vorhandene Beobachtungen, zumeist aus praktisch-theologischer Hinsicht, einer (fundamental)theologischen Kritik zu unterziehen. Ich beschränke mich auf einige Sätze, die mir in meiner Praxis als Gemeindepfarrer an verschiedenen Orten und zu den unterschiedlichsten Anlässen bei Jung und Alt, bei Engagierten und Distanzierten, bei Nichtchristen und Christen gleichermaßen - teils wortgleich - begegneten.

Die Auswahl der von mir untersuchten Sätze sollte jedoch nicht nur meine individuelle sein. Darum habe ich mich zusammen mit Studierenden der Theologie im Rahmen eines Seminars an der Theologischen Fakultät der

---

Autors entsprach. Vgl. seine div. Veröffentlichungen zum Thema: Klaus-Peter Jörns, Die neuen Gesichter Gottes. Was die Menschen heute wirklich glauben. München [2]1999 und ders, Notwendige Abschiede, Auf dem Weg zu einem glaubwürdigen Christentum, Gütersloh [3]2006.

[20] Martin Luthers Kleiner Katechismus liefert weiterhin zumindest die Haupt*themen* des KU. Vgl. den Rahmenplan für die Arbeit mit Konfirmanden der Ev. Kirche in Berlin-Brandenburg von 1993.

[21] Vgl. GL 174 und 694: „Jesu Christus ist der Herr", sowie EG 28 und 260.

[22] Vgl. z.B. Jörns, s.o. Anm. 19 und Ingolf U. Dalferth, „Was Gott ist, bestimme ich!" Theologie im Zeitalter der „Cafeteria-Religion", in: Theologische Literaturzeitung 121 (1996) 415-430.

Humboldt-Universität zu Berlin auf die Suche nach solchen Formulierungen gemacht.[23]

6. Was glaube ich, wenn ich sage: „Ich glaube...“? Proseminar an der Theologischen Fakultät der Humboldt-Universität Berlin im Sommersemester 2006. Ein Bericht

Das Seminar sollte zunächst den provozierenden Titel tragen „Die (gar nicht so) geheimen Dogmen der Protestanten” und damit bereits durch seinen Titel den kritischen Blick auf das Thema zu erkennen geben. Aus Gründen der Ausgewogenheit des Lehrangebotes musste es jedoch als Proseminar stattfinden und sollte für die Studierenden einen ‚verständlicheren' Titel bekommen. Am Ende stand die Formulierung: Was glaube ich, wenn ich sage: „Ich glaube“?

Die Resonanz auf das Thema war unerwartet. Unerwartet war nicht nur die große Zahl von über 50 Studierenden, sondern auch die Tatsache, dass es sich bei den meisten um sogenannte ‚Volltheologen' handelte, viele davon (nach eigener Aussage) aus Gemeinden freikirchlicher Prägung. Erster Arbeitsschritt war die Zusammenstellung einer Liste kurzer Glaubenssätze. Dabei war die Vorgabe[24] bewusst knapp und offen gehalten: Es wurden auch Sätze gesucht, die das Thema Glaube kritisch oder im nichtchristlichen Sinn thematisieren. Die zunächst ungeordnete Liste wurde von mir zu

---

[23] Eine ähnliche Untersuchung habe ich zuvor mit einer ganz anderen Zielgruppe unternommen: mit Studierenden der Evangelischen Kirchenmusik am Institut für Kirchenmusik der Universität der Künste Berlin. Auch deren Beobachtungen werden im Sinn einer Kontrolluntersuchung in meine Ausführungen eingehen.

[24] Vgl. den Ankündigungstext im Kommentierten Vorlesungsverzeichnis, S. 39: „Von seinem Beginn an hat sich der christliche Glaube in kurzen Bekenntnissätzen ausgedrückt, die in das Zeugnis der Schrift Eingang gefunden haben und zum Ausgangspunkt umfangreicherer Glaubensbekenntnisse und dogmatischer Lehrbildung geworden sind. Auch in der Gegenwart kursieren unter Christinnen und Christen kurze Bekenntnissätze wie: „Wir haben doch alle denselben Gott.“ - „Gott liebt alle Menschen, wie sie sind.“ - „Jesus liebt dich.“ Inwieweit können sie beanspruchen, den christlichen Glauben authentisch wiederzugeben? Das Proseminar untersucht solche neuartigen Lehrbildungen und führt dabei ein in die Arbeitsweise systematischer Theologie.“

thematischen Blöcken zusammengestellt, die anschließend in Gruppen bearbeitet werden sollten:

Jesus ist für dich gestorben.
Jesus ist der Weg.
Jesus lebt.
Jesus – die einzige Hoffnung für dich.
I'm not a christian, I'm a Jesus follower.

Gott ist die Liebe.
Gott liebt dich.
Gott liebt alle Menschen.
Gott nimmt jeden so an, wie er ist.
Das Christentum ist die Religion der Nächstenliebe.
Die Christen lieben ihre Nächsten nicht. Und sie lieben sie nicht, weil sie an den anderen nie wirklich geglaubt haben. Die Geschichte lehrt uns, dass sie [ihn], wo sie ihm begegnet sind, bekehrt oder vernichtet haben.

Ich glaube nicht, dass ich etwas finden kann, wonach ich mich mehr sehne als nach Gott.
Du sollst dir kein Bildnis noch irgendein Gleichnis machen, weder von dem, was oben im Himmel ist, noch von dem, was unten auf Erden, noch von dem, was im Wasser unter der Erde ist. Bete sie nicht an und diene ihnen nicht!

Wir glauben alle an denselben Gott.
Vater Abraham hat viele Kinder.
Wir sind alle Kinder Gottes.
Es gibt nur eine Religion – aber viele Varianten.
Vor Gott sind alle Menschen gleich.

Ich glaube, aber nicht an Gott.
Gott sei Dank bin ich Atheist.
Ich wünschte, ich könnte an Gott glauben.
Ich glaube an mich.
Credo
Religion ist ein Fertighaus für arme Seelen.

Wenn du Christ sein willst, dann...
Was ihr getan habt einem von diesen meinen geringsten Brüdern, das habt ihr mir getan.
Jesus ja – Kirche nein.

Wo zwei oder drei versammelt sind in meinem Namen, da bin ich mitten unter ihnen.

Gott ist dir näher als Du meiner Stoßstange.
Mich kannst du überholen, aber an Gott kommst du nicht vorbei.
Du kannst nicht tiefer fallen als nur in Gottes Hand
Not lehrt beten.
Wie lange hat Gott noch Ferien?

Die nächsten Arbeitsaufgaben lauteten:

„Analysieren Sie die Sätze:
Wer hat sie verfasst? Wo kommen sie vor? („Sitz im Leben")
Sind sie richtig zitiert? Gibt es verschiedene Fassungen? Gehören sie wirklich in eine Gruppe? Setzen sie unterschiedliche Akzente?
Was wollen sie aussagen? Wogegen wenden sie sich?
Welche Stärken haben die Texte? Welche Schwächen?
Kann man sie missverstehen? Wie eindeutig sind die Formulierungen?
Steht der Text in einem biblischen Zusammenhang?
Welchem traditionellen dogmatischen ‚Ort' könnte man den Text zuordnen?"

Nach Information der Studierenden über die traditionelle Gliederung des dogmatischen Stoffes[25] wurde deutlich, dass es sich bei den meisten Sätzen um Fragen der Gotteslehre und Soteriologie, aber auch um Fragen der Ekklesiologie und Ethik handelt. Die Frage nach dem Sinn von „Ich glaube" ruft aber nicht nur theologische Fragestellungen im engeren Sinne auf, sie stellt auch fundamentaltheologische Fragen: nach dem Verhältnis von Glaube und Wissen, nach dem Verhältnis von Glaubensinhalt und Glaubensvollzug (*fides quae* und *fides qua*).[26]

Die Studierenden konnten sich nach eigener Entscheidung den durch die Ordnung der Sätze vorgegebenen Gruppen anschließen, um die Sätze nach folgender Maßgabe weiter zu bearbeiten:

„Suchen Sie eine (maßgebliche) Veröffentlichung (Monographie oder Aufsatz) zum gefundenen Thema und stellen Sie für das Plenum einige Aussagen des

[25] Vgl. Johannes Wirsching, Zum dogmatischen Ort der Christologie, in: Ders., Glaube im Widerstreit. Ausgewählte Aufsätze und Vorträge, Frankfurt 1988 (Kontexte. Neue Beiträge zur Historischen und Systematischen Theologie 4), 27-71.

[26] Vgl. die Protokolle einzelner Sitzungen auf der website des Seminars: www.people.freenet.de/alex.ergang/index.html.

Autors/der Autorin zusammen, die das Thema Ihrer ‚Kurzformeln' behandeln!"

Die einzelnen Gruppen erhielten ferner auf sie abgestimmte Impulse - grundlegende theologische Kurztexte, Bilder, Darstellungen - die das Thema der Sätze aufgriffen, weiterführten oder kritisierten.[27]

Der theologischen Grundinformation dienten in einem nächsten Arbeitsschritt Referate über weitere Aspekte des Themas ‚Glaube': über das Verständnis von ‚Toleranz' in Lessings Ringparabel[28] , die Basisformel des Weltrates der Kirchen[29] und den Koinzidenzgedanken des Nikolaus von Kues - drei sehr unterschiedlich Versuche, das Problem von Einheit und Vielheit menschlicher Glaubensvorstellungen zu reflektieren.

Die anschließenden Gruppenberichte bewiesen - teils auf hohem Niveau - die erfolgreiche selbständige Auseinandersetzung mit dem Thema.[30] Wie zu erwarten war, traten dabei einige der Sätze in den Vordergrund, andere gaben Anlass zu kontrastierenden Beobachtungen, ohne jedoch zum Schwerpunkt zu werden. (Im weiteren Verlauf des Essays werde ich ähnlich verfahren und mich auf einige Schlüsselsätze beschränken.)

Am Schluss des Seminars standen Thesen des Seminarleiters, die die angesprochenen Themen theologisch aufzunehmen und Ergebnisse zu sichern versuchten. Sie gingen ein auf konkrete Fragen, die sich im Verlauf der weiteren Diskussion gestellt hatten. Zugleich wollten sie eine pointierte Stellungnahme geben. Insofern greifen sie den hier noch folgenden Ausführungen bereits voraus.[31]

---

[27] Vgl. auch dazu die o.a. website.
[28] Vgl. die website.
[29] S. o. Anm. 15.
[30] Vgl. die Gruppenberichte auf der website.
[31] Ich danke den Teilnehmerinnen und Teilnehmern, die in einem heißen und von der Fußball-WM bestimmten Semester bis zum Ende durchgehalten haben, für ihre Ideen und Beiträge: Bernstengel, Johanna; Börsel, Jonas; Budde, Nicolas; Ergang, Alexander; Erdmann, Andreas; Falk, Jakob; Fiedler, Fabian; Grunwaldt, Juliane; Grzondziel, Nadine; Haak, Lisette; Harder, Elise; Heinrich, Johannes; Hethey, Judith; Hirtz, Christiane; Honnens, Steffen; Horn, Manuel; Jünger, Linda; Keding, Daniel; Kerner, Nikolai; Kindler, Magdalena; Köhn, Stefanie; Prof. Kubitza, Helmut; Küstner,

7. Thesen zum Verständnis des christlichen ‚Glaubens‘

- Der profane Gebrauch von ‚Glauben‘ setzt Glauben häufig als defizient ab vom Wissen: Ich glaube, was ich nicht weiß. Dennoch kann auch solcher Glaube Sicherheit geben: Ich ‚glaube‘ einer vertrauenswürdigen Person. Sie ist mir Garant für Verlässlichkeit.
- Religiös kann Glaube als eine „Erfahrung mit der Erfahrung“ (Jüngel) verstanden werden, d.h. nicht bloß als ein zu anderen Erfahrungen additiver Aspekt, sondern: Im Glauben wird ‚alles anders‘.
- Glaube ist auch als Gefühl durch einen Inhalt bestimmt: Ich glaube an etwas. (> Unterscheidung von Glaubensvollzug und Glaubensinhalt, von *fides qua* und *fides quae*)
- Biblisch entsteht Glaube aus der Erfahrung der Zuverlässigkeit Gottes: Wer glaubt, stimmt Gott zu.
- Wer in diesem Sinne glaubt, glaubt an etwas, das ‚größer‘ ist als er selbst. (Eine These wie „im AT kommt Glaube nicht vor“ ist missverständlich, weil sie das Verständnis von Glaube festlegt auf den defizienten Wissensmodus und/oder auf das ‚Für-Wahr-Halten‘ bestimmter Sätze.)
- Religiöser Glaube ist also Antwort - auf eine eigene Erfahrung oder auf die Erfahrung eines anderen. Er setzt Gemeinschaft voraus und führt zu Gemeinschaft. „Mein“ Glaube ist nicht ohne andere: Ich glaube jemandem etwas. Biblisch heißt das: Der Glaube kommt aus dem Hören (Röm 10, 17 E).
- Christlicher Glaube ist bestimmt von der Erfahrung der Jünger mit Jesus, die sie mit seinem Leben, Sterben und Auferstehen gemacht haben.
- Christlicher Glaube ist grundsätzlich Osterglaube: Glaube an den auferweckten Gekreuzigten. D.h.: Erst seit Ostern kann von „Glaube“ im christlichen Sinn gesprochen werden. Vorher bleibt selbst der Glaube der Jünger an Jesus nach dem Zeugnis des NT zweideutig: Trotz der Erfahrung von Gottes Nähe in Jesus suchen sie „Zeichen und Wunder“ oder weltliche Vorteile.

Thea; Männer, Julia; Mahlow, Marlen; Mergner, Inga; Meyer, Mirjam; Norman, Franziska; Noß, Sebastian; Oltersdorf, Jenny; Preuschoft, Franziska; Pols, Lena Lotte; Rämer, Nora; Ritter, Christian; Saaro, Saskia; Treu, Ulrike; Walczak, Ina; Wecking, Diana; Wehrend, Ilka und Witt, Agnes. Den Herren Ergang und Kerner danke ich zusätzlich für die ‚virtuelle‘ Hilfe.

- Der christliche Glaube lebt vom neuen Gottesverhältnis des Gläubigen: Gott hat den Menschen in eine neue Beziehung zu ihm gebracht: Der „Sünder“ ist „gerechtfertigt“. M.a.W.: Der im NT bezeugte Glaube stimmt ein in das dort bezeugte Urteil Gottes über den Menschen als gerechtfertigter Sünder. Das muss hinzugefügt werden, wenn von „Glaube als Beziehung“ die Rede ist. Es geht auch im NT um keinen Bund(esschluss) gleichberechtigter Partner.
- Dieser Glaube an das Evangelium von der Rechtfertigung des Gottlosen ist Geschenk des Heiligen Geistes. Zugespitzt formuliert: *Er* glaubt, wenn ich sage, *ich* glaube.
- Der Glaube an Jesus Christus ist von Anfang an universal. Er geht über die Grenzen des jüdischen Volkes hinaus, auch über den Kreis der „Proselyten“ und „Gottesfürchtigen“: Wer Christ wird, muss nicht erst Jude werden.
- Die Systematische Theologie reflektiert diesen Glauben. Sie stellt an die Vielfalt der biblischen Texte und Zeugnisse Fragen wie: Wer ist Jesus Christus? Wer ist Gott? Was habe ich vom Glauben an Gott in Jesus Christus? (Heil) Sie versucht, ihre Einsichten so zu formulieren, dass sie über den Kreis der Glaubenden hinaus verstanden werden können und als gültige Einsichten über Gott, den Menschen und die Beziehung von Gott und Mensch diskutiert werden können.
- Glaube und Denken sind von diesem Programm her keine Gegensätze, sondern der christliche Glaube will sich verstehen und sich verständlich machen (> *fides quaerens intellectum*, EG 357: „Ich weiß, woran ich glaube.“)
- Eine besondere Frage ist die nach dem ‚Glauben‘ derer, die „nicht glauben“. Hier muss schon die Frage differenziert werden:

Geht es um den Glauben eines Menschen, der nie von Jesus Christus gehört hat?

Um seinetwillen muss das Evangelium von Jesus Christus aller Welt verkündigt werden.

Oder um den Glauben eines Menschen, der Jesus Christus und/oder bestimmte traditionelle Glaubenssätze explizit ablehnt, sich aber implizit mit ihm und ihnen auseinandersetzt?

Oder um einen Menschen, der Jesus Christus ablehnt und sich in seinem Leben von anderen religiösen Gedanken und Mächten bestimmen lässt?

Für diese (und alle anderen denkbaren) Menschen (also auch für die

Christinnen und Christen selbst) ist für ihr Heil nicht ihr Glaube entscheidend, sondern Jesus Christus. Auch wer nicht zu einem explizit christlichen Glauben findet, findet sein mögliches Heil nur durch ihn - im endzeitlichen Gericht.
Was die Christinnen und Christen von anderen Menschen unterscheidet, ist ihr Glaubenswissen, dass Gott in Jesus Christus ihr Heil schon gewährleistet hat (Herrschaft Gottes).

- Glaube ist Christus-Glaube oder Unglaube.
- Glaube „an sich selbst", an Toleranz und/oder große Werte und Einsichten oder an andere Heilswege als an Gott in Jesus Christus hat phänomenale Ähnlichkeiten mit dem christlich verstandenen Glauben: Er bestimmt den ‚Gläubigen' ggf. total, gibt ihm Halt und Weisung, Lebenshilfe. In diesem Sinn werden (politische und andere) Ideologien ‚geglaubt'. Auch solcher Glaube lässt sich nicht erschüttern und als defizientes Wissen abqualifizieren. Einen solchen Glauben hat wohl wirklich (fast) jeder - bis hin zu der Äußerung: „Ich glaube an nichts." (Hier wird der religiös verstandene Glaube mit der Intensität eines konkurrierenden „Glaubens" abgelehnt.) Gegenwärtig hat solch weltlicher ‚Glaube' Hochkonjunktur: als *civil religion*, in Esoterik, als Gnosis. Man kann das - bezogen auf die westlichen Gesellschaften - als die „Wiederkehr des Religiösen" bezeichnen: „Ein Mensch ohne Glauben ist wie ein Baum ohne Blätter." (türkisches Sprichwort)
- Als psychische Größe lässt sich Glauben unabhängig von seinem Inhalt betrachten: Vgl. James W. Fowler, Stufen des Glaubens: „Glaube (faith) ist bei Fowler ... eine Struktur, die universelle Entwicklungsnormativität, unabhängig von Glaubensinhalten (believe) beansprucht." (Art. Fowler, in: Wikipedia, vom 20.5.06)
- Christlich verstandener Glaube hingegen ist durch seinen Inhalt bestimmt: Er sagt Ja zum Kommen des Reiches Gottes in Jesus Christus durch den Heiligen Geist und damit Nein zu allem anderen Glauben. Wer an Jesus Christus glaubt, kann keine anderen Heilswege akzeptieren und erwartet auch das Heil für die anderen allein durch Gott in Jesus Christus. M.a.W.: Nicht der (oder „mein") Glaube rettet, sondern Gott in Jesus Christus.

8. Verkürzte Formeln statt Kurzformeln - und weitere Entdeckungen

Zu welchen Ergebnissen ist das Seminar gelangt? Setzen wir noch einmal bei den Sätzen zum Thema *Glauben* ein: Gewiss sind auch die gemeinschaftlich ,aufgelesenen' Sätze eine zufällige, keine repräsentative Auswahl.[32] Obendrein sind die einzelnen Sätze sehr unterschiedlich: Sie reichen von Formulierungen, die ausdrücklich Kurzformeln im o.a. Sinn sein wollen, über Neubildungen mit allgemeiner, religiöser Aussagekraft, die teilweise prägnante Aussprüche der Alten Kirche nachbilden (die auch im heutigen akademischen Lehrbetrieb die Rolle von ,Merksätzen' erfüllen) hin zu werbungsähnlichen Slogans und geschliffenen Aphorismen. Auffällig ist, dass viele sehr ernst und gewichtig daherkommen, ausgesprochen fromm klingen, keinen Widerspruch zu dulden scheinen.

Es gibt darunter eine Gruppe von „Jesus-Sprüchen",[33] die ihre Herkunft aus freikirchlich-charismatischen Gemeinden nicht verleugnen kann. Rein sprachlich sind sie ,kurz, knapp und knackig', d.h. grammatikalisch-syntaktisch einfach gebaut, leicht verständlich und spitzen soteriologische Aussagen auf die Person Jesu zu. Sie sind nahe an biblischen Formulierungen, ohne diese jedoch wortwörtlich zu wiederholen. „Jesus ist der Weg" nimmt Joh 14, 6 auf. Der Satz dient als Slogan diverser christlicher Vereine. Es gibt Gedichte mit gleichem oder ähnlichem Titel, bzw. Inhalt.[34] Auch eine Werbung in der Berliner U-Bahn gleichen Titels hat es gegeben.

Sie setzen in der theologischen Sache die christologische Bekenntnisbildung der Alten Kirche voraus, insofern sie von Jesus aussagen, was allein Gott

---

[32] Vgl. die Sätze der Kirchenmusiker. Auf die - leicht veränderte - Fragestellung (Was fällt Ihnen zum Begriff Glauben ein?) ergaben sich spontan folgende Stichworte: an die Bibel glauben, Gemeinschaft, Jesus ja - Kirche nein, Auferstehung Jesu, Sünde/Beichte/Vergebung, Kirche unfehlbar?, Gebote, ewiges Leben, alle glauben an denselben Gott, geistbewegt, gottgefälliges Leben, wo zwei oder drei versammelt sind...

[33] S. o. unter 6.

[34] Vgl. z.B. Berta Schäfer, „Jesus ist der Weg": www.gnade.de/index_l/gedichte/c1/280.html;und N.N.: www.gnade.de/index_l/gedichte/c1/122.html.

gebührt, verzichten jedoch auf einen Bezug zur trinitarischen Lehrbildung. Dass Jesus (und nicht Gott) in die zentrale Position dieser Bekenntnissätze einrücken kann, setzt ja die christologische Wende voraus: Der Prediger der nahen Herrschaft Gottes wird zum zentralen Inhalt des christlichen Glaubens. Evangelium ist damit das Zeugnis: Gott ist nahe in Jesus Christus. Ihr „Sitz im Leben" ist gottesdienstlicher Lobpreis, aber auch Mission und Verkündigung. Sie dienen als Autoaufkleber, finden sich auf Traktaten und Kaffeetassen. Diese Botschaft richtet sich an alle Menschen und lädt sie ein zur Nachfolge Christi. In der Nachfolge Christi, d.h. im Glauben an ihn, hat der Getaufte Anteil an seinem Leben und Sterben - und an seiner Auferstehung. Diese Sätze betonen, dass es keine andere Hoffnung als Jesus gibt, der die einzige Möglichkeit ist, von einem Unheils- in einen Heilszustand zu gelangen und richtet sich gegen die Leute, die irrtümlicherweise denken, schon in einem Heilszustand zu leben. Ihre Stärke ist die direkte, persönliche Ansprache des Lesers. Allerdings bleibt ihre Begründung offen, wodurch man sie auch Provokation empfinden könnte.[35]

Ähnliches gilt für die das Thema Liebe umspielenden Sätze:[36] Wer im Internet nach Fundorten recherchiert, findet die Sätze häufig im Zusammenhang mit Problemen, bzw. Problemlösungen, besonders im Kontext von Vereinfachungen und bei der Ansprache an Kinder.[37] Insofern sie jedoch „Jesus" durch „Gott" ersetzen, stellen sie sich nicht explizit christlich dar, sondern machen allgemeine Aussagen über die Beziehung von Gott und Mensch. Diese wird mit einem aus dem zwischenmenschlichen Bereich stammenden Begriff, dem Begriff der Liebe, belegt. Wird dieser unkontrolliert und unverändert auf die Beziehung von Gott und Mensch übertragen? Diese Vermutung liegt nahe, bedarf aber weiterer Untersuchung.[38] Auf den ersten

---

[35] Aus dem Protokoll der Sitzung: „Die Sätze wirken nur, wenn man weiß, *wer* Jesus war und *was* seine Botschaft ist. Es ist Hintergrundwissen notwendig, weil sonst Missverständnisse möglich wären."

[36] S. o. unter 6.

[37] Vgl. z.B. www.tpi-flyer.de/media/120.pdf.

[38] S. u. Kapitel 8. Das Diktum von Octavio Paz könnte von seinen Erfahrungen während des spanischen Bürgerkrieges herrühren, bei dem die katholische Kirche die Gegenseite unterstützte. Es bedarf der kritischen Rückfrage - nicht um seine Kritik an ‚christlicher Liebe' abzuwehren, aber um eines statischen Missverständnisses von Liebe überhaupt zu wehren: Muss Liebe etwa den anderen

Blick lassen sich ähnliche Aussagen jedoch auch im biblischen Zeugnis finden. Der Satz „Gott liebt dich" steht so allerdings nicht in der Luther-Übersetzung der Bibel. In der Fassung „Hoffnung für alle" findet er sich in Dan 10, 11.19 und Lk 1, 30. Auch der Satz „Gott liebt alle Menschen" steht so nicht in der Bibel, wohl aber „bruchstückhaft". Die Formulierung „...alle Menschen" schließt ausdrücklich den Leser mit ein („Auch DICH liebt Gott!") und ist somit Zuspruch für ihn. Bezogen auf Gott hat der Satz deskriptiven Charakter. Einen Anklang an den Satz „Gott nimmt jeden so an, wie er ist." könnte man Lk 15, 2 finden: „Dieser nimmt die Sünder an und isst mit ihnen." Strittig war der Satz vom Christentum als Religion der Nächstenliebe wegen des möglichen Ausschließlichkeitsanspruchs des Satzes: Ist *nur* das Christentum die Religion der Nächstenliebe? Ist es das wirklich (Man denke an die klassischen Vorwürfe: „Kreuzzüge", und "Hexenverfolgungen")?

Das biblische „Bilderverbot"[39] spielt im Kontext religiöser Aussagen eine große Rolle. Meine Erfahrungen mit Schülerinnen und Schülern im Konfirmandenunterricht zeigen, dass das sogenannte Bilderverbot fast allen bekannt ist, jedoch in der Regel in einer verkürzten Fassung, d.h. ohne den das 1. Gebot aufrufenden Zusatz: „Bete sie nicht an und diene ihnen nicht!" (2. Mose 20, 5a) Dadurch erhält das biblische Gebot den Status einer hermeneutischen Anweisung, die auf eine Einschränkung menschlicher Denkbemühungen hinausläuft. In der Praxis untermauert es einen schon vorhandenen antitheologischen Affekt. Im Gegenzug kommt ein Satz wie die im Geiste Augustins[40] formulierte Sehnsucht nach Gott dem Bedürfnis nach Gefühl und Affekt in der Gottesbeziehung des Menschen nach. Dennoch kann die kritische Rückfrage nicht vermieden werden: Handelt es sich hier nicht um eine (zumindest ursprünglich) vorchristliche Konzeption? Gott wird als Ziel des Menschen verstanden und der Mensch als unvollendet, insofern er seine Vollendung erst in Gott findet - das traditionelle theologische Schema von Schöpfung und Erlösung erinnert an das platonische Schema von Ausgang

---

so lassen, wie er ist?

[39] S o. unter 6.

[40] Vgl. Augustin, Confessiones, I, 1, hg. von Joseph Bernhart, München ^{3}1966, S. 13: „und ruhelos ist unser Herz, bis dass es seine Ruhe hat in Dir."

und Rückkehr?[41] Die Sätze geben Anregung, das sogenannte Bilderverbot zu bedenken: Wie kann die Intention des Bilderverbotes christlich gewahrt werden, wenn Jesus im Neuen Testament als Bild Gottes bezeichnet wird?[42] Das biblische Bilderverbot und seine Funktion heute bedürfen damit näherer Untersuchung.[43]

Eine nächste unterscheidbare Gruppe von Sätzen[44] formuliert allgemein-religiöse Aussagen, die auf eine bestimmte „Theologie der Religionen" hinauslaufen: Zumindest die monotheistischen Religionen erscheinen trotz ihrer Vielfalt und Gegensätzlichkeit in Geschichte und Gegenwart in Wahrheit nur als verschiedene Glaubenswege, die zum einen Gott hinführen.
Für manche Seminarteilnehmer unerwartet formulierte Papst Benedikt XVI. in einer Ansprache vor dem American Jewish Committee: „Judentum, Christentum und Islam glauben an den einen Gott, Schöpfer des Himmels und der Erde."[45] Die durchaus uneindeutige Aussage dieses Satzes (jede Religion an *einen* oder jede an *den einen*, näherhin: an *ein und denselben*) wird nach Recherchen von Seminarteilnehmern in der englischen Übersetzung vereindeutigt: „... believe in the one God".[46] Die theologische Grundlage dieser Äußerung ist eine theologische Konzeption römisch-katholischen Kirche: die der ‚konzentrischen Kreise'. Ihr zufolge sind alle Religionen trotz unterschiedlicher ‚Entfernung' letztlich auf die katholische Kirche bezogen, die allein im Besitz aller Heilsmittel ist. Diese (durchaus traditionelle) Denkfigur der römisch-katholischen Theologie wurde in der Dogmatischen Konstitution über die Kirche *Lumen Gentium* des II.

---

[41] Vgl. die Entdeckung von Marie-Dominique Chenu, daß dieses Schema der Gliederung der Summa theologiae von Thomas von Aquin unterliegt. Vgl. Marie-Dominique Chenu,, Le plan de la Somme théologique de saint Thomas, in: Revue Thomiste 47 (1939), 93-107.
[42] Vgl. 2 Kor 4, 4; Kol 1, 15; Hebr 1, 3.
[43] S. u. Kapitel 9.
[44] S. o. unter 6.
[45] Vgl. die Ansprache von Benedikt XVI. an die Mitglieder des „American Jewish Committee", am Donnerstag, 16. März 2006 unter http://www.vatican.va/holy_father/benedict_xvi/speeches/2006/march/documents/hf_ben-xvi_spe_20060316_jewish-committee_ge.html.
[46] Vgl. die englische Fassung: „Judaism, Christianity and Islam believe in the one God, Creator of heaven and earth." unter http://212.77.1.245/news_services/bulletin/news/18095.php?index=18095&po_date=16.03.2006&lang=sp.

Vatikanischen Konzils lehramtlich fest-gestellt.[47]

Diese Theorie erklärt jedoch nicht die große Gewissheit, mit der heutzutage der Gedanke vom einen Gott vertreten wird. Diese speist sich aus anderen Quellen und äußert sich in dem Satz: „Es kann nur einen geben.“[48] Lebenspraktisch steht dahinter ein Programm zur Befriedung religiöser Konflikte unter den verschiedenen Menschen mit ihren divergierenden Weltanschauungen. Es handelt sich hier aber nicht nur um einen Satz des ‚Gutmenschen‘. Der Satz hat grundlegende ontologische Bedeutung. Wenn gesagt wird, es gebe nur einen Gott, dann soll das keine Meinung sein, die andere Meinungen neben sich zulassen kann. Warum nicht? Weil es eben nur einen Gott gibt, ja nur einen geben kann.

Gewiss stellt sich theoretisch die Rückfrage: Ist Gott denn wirklich noch „derselbe“, wenn doch so sehr unterschiedlich an ihn geglaubt wird und Unterschiedliches von ihm geglaubt wird? Ist denn die Beziehung, die ein Mensch zu Gott hat, für Gott egal? M.a.W.: Ist Glaube eine Beziehung ohne Inhalt, bei der nur das Ziel zählt? Wäre das nicht vorchristlich? Oder stehen wir vor der Notwendigkeit der traditionellen Unterscheidung zwischen einem Gott der Philosophen und dem Gott des Glaubens[49], zwischen dem Gott, den es gibt, und dem Gott, an den man glaubt? Wenn es andererseits nur einen Gott gibt, wie ist dann die Vielfalt menschlicher Gottesbilder zu erklären? Bedeutet Glauben automatisch Monotheismus? Die Seminarteilnehmer stellten folgerichtig die Frage: Welche Theologie der Religionen finden wir aus explizit christlicher Sicht?

Schon jetzt wird als gemeinsame Grundlage der zunächst so unterschiedlich

---

[47] Vgl. Kapitel II, insb. Artikel 13.

[48] Mit dieser Anspielung auf den Werbeslogan für eine mythische (Kino-)Figur, die des beinahe unsterblichen *Highlanders*, dessen Bestimmung der Kampf auf Leben und Tod mit anderen ‚Unsterblichen‘ ist, gebe ich eine ersten Hinweis auf den von mir vermuteten weltanschaulichen Hintergrunds dieses Gedankens vom ‚Einen‘: einen postchristlichen Selbsterlösungskult um eine übermenschliche Gestalt.

[49] Vgl. z.B. Blaise Pascals berühmtes Mémorial: „... Feuer. Der Gott Abrahams, der Gott Isaaks und der Gott Jakobs, nicht der Philosophen und der Gelehrten. Gewißheit, Gewißheit, Empfinden, Freude, Frieden. Der Gott Jesu Christi. Deum meum et deum vestrum. Dein Gott ist mein Gott. ...“

erscheinenden Sätze deutlich, dass sie sich alle um die Leitbegriffe Einheit, Wissen und Liebe gruppieren. Das gilt auch für eine weitere Gruppe, die ihren Schwerpunkt in Sätzen mit soteriologischer Funktion fand.[50] Diese theozentrischen Bekenntnissätze sind geprägt vom christlichen Glauben an die Nähe Gottes für den einzelnen Glaubenden. Die gefühlte Gottesferne stellt die Frage nach Gott sogar verstärkt. Theologische Grundfragen wie die Theodizeefrage oder die nach einer Theologie des Gebetes kamen hier jedoch ohne expliziten Christusbezug aus. Dem Gewinn scheinbar größerer Allgemeinheit steht damit der vorgezeichnete Verlust einer spezifisch christlichen (oder überhaupt nur christlich möglichen) Antwort gegenüber.[51]

Der in weiteren, eher ‚nichtchristlich' erscheinenden Sätzen[52] reklamierte nichttheistische Glaube versucht das Phänomen des Glaubens von Jesus Christus, von Gott, generell von einer Religion abzulösen - und zugleich als Lebenshaltung im Sinne einer Steigerung von Fähigkeiten durch ‚Glauben' aufrechtzuerhalten. Christlich gesehen könnte das Programm eines ‚Glaubens an sich' als Inbegriff menschlicher Sünde und markanten Ausdruck des *homo incurvatus* in se interpretiert werden. Dennoch muss für weitere Überlegungen der positive Aspekt ins Auge gefasst werden, dass Glaube hier nicht als Defizienzphänomen erscheint, sondern als Akt der Lebenssteigerung.[53] Der „Glaube an sich selbst" scheint mir aber auch mit der Bewertung als Ausdruck von gesteigerter Selbstliebe noch nicht hinreichend erfasst zu sein: Theologisch relevanter ist hier die theoretische Trennung von Glaube und seinem Objekt, der zufolge es bei unterschiedlichen Inhalten *einen* Glauben geben kann. Für die Seminarteilnehmer stellte sich an dieser Stelle der Diskussion folgerichtig die Alternative: Ist Gott der Eine und sind nur die Glaubensweisen verschieden - oder ist der Glaube einer und sind nur die

---

[50] S. o. unter 6.

[51] Die Seminargruppe kompensierte dieses Manko, indem sie dem Plenum in geraffter Form einen Durchgang durch die Vielfalt der christlichen soteriologischen Motive bot: von der Freikauftheorie und die Satisfaktionstheorie bis hin zum Theosisgedanken.

[52] S. o. unter 6.

[53] Dieser ‚Glaube' führte die deutsche Fußballmannschaft immerhin unerwartet bis ins Halbfinale und auf den dritten Platz der WM 2006 (Bemerkung eines Seminarteilnehmers).

Gegenstände des Glaubens verschieden? Festgehalten wurde: Diese Sätze sind durchweg nicht christliche Bekenntnissätze. Einige verraten aber selbst in der Ablehnung eines expliziten Bekenntnisses zu Gott in Jesus Christus den Wunsch nach Glauben. Andere versuchen „Glauben" zu bewahren, setzen aber den Menschen an die Stelle Gottes. Der christlich verstandene Glaube ist damit zerstört (Verstoß gegen das 1. Gebot). Hier wie dort wird Glaube als eine Beziehung verstanden.

Eher apologetisch hingegen wurden die Sätze aus dem ekklesiologisch-ethischen Bereich rezipiert.[54] Äußerst kritisch aufgenommen und als „Totschlagargument" bezeichnet wurde die Forderung bestimmter ‚christlicher' Verhaltensweisen durch Christen und Nichtchristen. Die bloße Forderung verzichtet in aller Regel auf die inhaltliche Diskussion über das in einer konkreten Situation sittlich geforderte Verhalten, ersetzt also die Diskussion um ‚richtig' oder ‚falsch' durch die Forderung, das ‚Gute' (häufig im Sinne des dem Nützlichen, der diese Forderung stellt) zu tun. Die Frage nach einer „exklusiv christlichen" materiellen Norm wurde unter Hinweis auf das Konzept einer „autonomen Ethik"[55] verneint, lediglich hinsichtlich der Begründung hat die christliche Ethik ihr Proprium. Kirchenkritischen An-Sätzen ließ sich unter Hinweis auf CA VII und die dort formulierte ‚Unvermeidbarkeit' von Kirche - präziser: ihr jeweiliges Konstituiertwerden durch die Verkündigung des Evangeliums von Jesus Christus und die rechte Verwaltung der Sakramente - begegnen.[56]

Die anfängliche Vorstellung, es bei den gefundenen Sätzen mit Kurzformeln christlichen Glaubens zu tun zu bekommen, wich der ernüchternden Erkenntnis, dass es sich meist wohl eher um Verkürzungen handelt - selbst wenn es sich um biblische oder bibelnahe Sätze handelt. Auffällig ist die Allgemeinheit der Sätze - selbst da, wo der Name Jesus vorkommt, wird dessen Geschichte in aller Regel nicht konkret aufgerufen. Gemessen an der theologischen Tradition fällt der Verzicht auf das trinitarische Bekenntnis auf.

[54] S. o. unter 6.
[55] Vgl. die Arbeiten von Alfons Auer, Josef Fuchs und Bruno Schüller.
[56] Vgl. Confessio Augustana VII.

Zumeist wird ‚Glaube' nicht als Unterscheidungsmerkmal ins Auge gefasst. Im Vordergrund steht das Bemühen um Einheit, um Konsens.[57]

Die diskutierten Sätze schöpfen das Potential des diskutierten Themas nicht alle in gleicher Weise und auch nicht vollständig aus. Zu ergänzen wären sicher Sätze wie: „Gott ist persönlich/eine Person" und „Die Religionen sind alle für den Frieden" (und der Gegen-Satz: „Religionen führt immer zu Streit und Krieg"), „Ich habe meinen Glauben", „Weihnachten ist das Fest der Familie/des Friedens," „Wir wollen doch alle nicht das Trennende betonen, sondern das Einende." „Die Hoffnung stirbt zuletzt." „Alles wird gut." Hier ist künftig noch weiterzuarbeiten. Schon mit den folgenden Ausführungen gehe ich jedoch über die im Seminar gewonnenen Einsichten hinaus.

9. Der Kult der Liebe

Grundlegender Satz der das Thema Glauben umspielenden Sätze ist die Verbindung von Gott und Liebe. Das ähnelt zunächst der Lehrbildung der gegenwärtigen Systematischen Theologie[58] wie auch der kirchlichen Verkündigung[59]. Beide setzen sich damit von früheren Akzentsetzungen ab, die zur Folge gehabt haben sollen, dass den Menschen - wie es etwas jargonhaft heißt - „Gesetz gepredigt" wurde.[60] Die als solche empfundene Strenge kirchlichen Handelns nehmen viele Menschen heute zum Anlass, das Nachlassen ihrer kirchlichen Bindung zu begründen. Ihr Argument lautet dann häufig: „... aber Gott ist doch die Liebe." Dabei ging und geht es, wenn dieser

[57] Vgl. dgg. die anders gelagerten Schwerpunkte der Stichworte der Kirchenmusiker (s.o. Anm. 32): Sie rufen zentrale christliche Themen auf.

[58] Vgl. Jüngel, Gott als Geheimnis der Welt und Härle, Dogmatik.

[59] Vgl. zahlreiche Predigten. Google findet für den Satz „Gott ist die Liebe" in 0,09 Sekunden 15.200.000 Belege. Um nur ein Beispiel zu zitieren: „Gott liebt alle Menschen, und das heißt vor allem: Er liebt jede und jeden Einzelnen von uns und wird sich auch nach unserem Leben auf dieser Erde jedem von uns zuwenden." (Predigt des Vorsitzenden des Rates der EKD, Bischof Dr. Wolfgang Huber, im Gottesdienst zur bundesweiten Eröffnung der Woche für das Leben 2005 am 9. April 2005 in Kassel.)

[60] Auch ich habe als Kind mit Befremden, ja mit Angstgefühlen einen Pfarrer erlebt, der jede Predigt in dem biblischen Wort kulminieren ließ: „Es ist furchtbar, in die Hände des lebendigen Gottes zu fallen." (Hebr 10, 31 EÜ)

Satz in der pfarramtlichen Praxis verwendet wird, in der Regel dabei nicht um theologische Fragen im engeren Sinn, sondern darum, mit Hilfe dieses Satzes die Erfüllung der eigenen Wünsche (was beispielsweise Tauftermine, Beerdigungslieder und Bestattungsformen anbelangt) durchzusetzen. Die Forderung von Liebe ist die ultimative Waffe zur Durchsetzung eigener Interessen.

In systematisch-theologischer Hinsicht hat damit das Gottesprädikat ‚Liebe' die anderen traditionellen Gottesprädikate (Macht, Weisheit, Stärke)[61] verdrängt. Werden die verschiedenen Prädikationen in der theologischen Reflexion grundsätzlich noch aufeinander bezogen und wechselseitig voneinander aussagbar (Gottes Liebe ist auch seine Macht - und Ohnmacht[62]), werden sie im Modus der „Gemeindedogmatik" vergessen, genauer gesagt: als konkurrierend empfunden - mit der Folge, dass sie als die „dunklen Seiten Gottes" aus dem Gottesbegriff ausgeschieden werden. Wer das um eines ‚menschenfreundlichen' Gottesbildes willen begrüßen mag, sollte sich vor Augen halten, dass sich andere theologische Probleme dadurch verschärfen: Wenn Gott allein und unkorrigiert „die Liebe" ist und diese Liebe ohne Macht, ohne den Willen und/oder die Fähigkeit, Regeln zu setzen und ihre Überschreitung zu strafen, vorgestellt wird, verschärft sich die Theodizeefrage erheblich: „Wie kann Gott das (alles) zulassen...? Die Frage bleibt keine Frage, sondern wird zum Totschlagargument: Der Mensch straft den ‚lieben Gott' durch Unglauben ab.[63] Was den Lauf der Welt angeht, ist Gott entweder unwillig einzugreifen, dann verdient er Tadel - oder er ist zu schwach, dann muss es noch andere Mächte geben, vor der der Mensch

---

[61] In der Sprache der traditionellen Gotteslehre geht es hier um die „Eigenschaften Gottes" oder Attribute, die unterschiedlich systematisiert wurden, u.a. gehören dazu Gottes Unendlichkeit und Vollkommenheit, seine Einfachheit und Einzigkeit, seine Wahrheit, Güte, Heiligkeit und Schönheit, sowie die Substantialität, Geistigkeit, Unveränderlichkeit, Ewigkeit, Unermesslichkeit und Allgegenwart, ebenso seine Allwissenheit, seine Freiheit, Allmacht, Gerechtigkeit und Barmherzigkeit. Gottes Liebe ist hier seiner Freiheit zugeordnet. Vgl. Herbert Vorgrimler, Art. Eigenschaften Gottes, in: LThK III, Zweite Auflage, Sp. 734f.

[62] Vgl. Jüngel, Gott als Geheimnis der Welt, 280: „Die Liebe kennt Macht und Ohnmacht nicht als Alternative."

[63] Der Mensch betrachtet Gott als seinen Schuldner, von dem er allein ‚Liebe' zu erwarten hat - eine neue Art der Werkgerechtigkeit: Gott hat dem Menschen durch Werke der Liebe zur Verfügung zu stehen.

Ehrfurcht zu haben hat: das Böse - oder die Natur.[64]

Die Ähnlichkeit dieser Entwicklung mit dem zwischenmenschlichen Gebrauch des Themas Liebe liegt auf der Hand: Seit der Romantik im 19. Jahrhundert wurde ‚Liebe' zusehends emotional konnotiert und exklusiv positiv besetzt. Liebe wurde zum dominierenden, ja einzigen Motiv der Eheschließung[65] und zum Prinzip der Pädagogik. Die Erkenntnis, dass es in der Pädagogik auch um das (Durch-)Setzen von Regeln und um das Sich-Abarbeiten an Regeln geht, wird gesellschaftlich erst gegenwärtig wieder wahrgenommen.

Der Kult der Liebe als alles durchdringendes und begründendes Lebensmotiv hat - weltlich gesehen - zu einer massiven gegenseitigen emotionalen Überforderung geführt, theologisch aber zu einem eindimensionalen Gottesbild. Es projiziert unsere unerfüllten (und unerfüllbaren) emotionalen Sehnsüchte auf Gott und unterschlägt das konkrete biblische Zeugnis, das beispielsweise auch von Gottes Hass gegen die Übeltäter spricht: „Denn du bist nicht ein Gott, dem gottloses Wesen gefällt; wer böse ist, darf nicht bei dir weilen. Prahler dürfen nicht vor deine Augen treten, du hassest alle Übeltäter. Umkommen lässest du die Lügner. Mörder und Falsche sind dem Herrn ein Gräuel." (Ps 5, 5-7) Die theologische Unterscheidung von Gottes Hass gegenüber dem Bösen, nicht aber gegen den Sünder - mit der daraus resultierenden eschatologischen Unterscheidung von Mensch und seinem Werk als Inbegriff des gerecht machenden Gerichtes Gottes, setzt sachlich die Rechtfertigung des Sünders im Glauben an das Evangelium von Jesus Christus voraus. Die aber verschweigt der zur Formel geronnene Satz von der Liebe Gottes.

[64] Im Weltbild vieler Menschen zeichnet sich eine neue Vergöttlichung der Natur ab. Die kirchliche Rede von der „Demut vor der Natur", die nach dem Tsunami am 26.12.2004 vorherrschte (vgl. z.B. „Flut in Asien - wo war Gott?" Wolfgang Huber bei Studio Friedmann, 6. Januar, N24: „Wir haben Grund, wieder zu lernen, dass wir auch gegenüber der Natur als einem Teil von Gottes Schöpfung Demut üben müssen und nicht nur Herrschaftsansprüche geltend machen dürfen." - der Text unter http://www.ekd.de/aktuell/050126_huber_friedmann.html), wehrt diesem Missverständnis wenig.

[65] Als ich einmal Pfarrerinnen und Pfarrern von einem Brautpaar erzählte, das auf die Frage: „Warum wollen Sie kirchlich heiraten?" lediglich zu antworten wusste: „... weil wir uns lieben", blieb jede Reaktion aus, selbst auf meine Bemerkung: „Aber ich liebe doch auch meinen Goldhamster...".

Die Geschichte Gottes mit den Menschen im Alten und Neuen Bund wird also aufgegeben zugunsten einer Lehrformel. Diese zieht weitere soteriologische Konsequenzen: Wenn Gott die Liebe ist, dann muss er doch auch... Die Leerstelle aus der allumfassenden Forderung nach Liebe wird beliebig gefüllt, die Theodizeefrage massiv verschärft: Wie kann ein Gott, der nichts als Liebe ist, diese Welt überhaupt zulassen?[66] Obendrein wird Gott zum Lückenbüßer fehlender Liebeserfahrungen.[67] Die neuzeitliche Entwicklung des Weltbildes, das Gott den Schöpfer nur noch im (vorläufigen) Geheimnis des noch nicht Entdeckten zu denken vermochte, findet postmodern ihren Abschluss in der alles umfassenden Metaphorik totaler sinnstiftender Liebe.[68] Ein Gott, der nicht Liebe ist, wird durch Unglauben abgestraft. Was aber Liebe ist, bestimme ich, der ich geliebt werden will. In der Regel wird Liebe zwar auf positive Empfindungen hin aus- und festgelegt, grundsätzlich aber ist Liebe einfach alles.

Biblisch gesehen, geht es jedoch in der Verkündigung Jesu wie in der urchristlichen Predigt vom Gekreuzigten um das Kommen der Herrschaft Gottes: „Trachtet zuerst nach dem Reich Gottes...". (Mt 6, 33a) Was Gottes Liebe heißt, zeigt sich daran, am Kommen seiner Herrschaft. Von dort her erhält alles seine Priorisierung: Erst kommt Gottes Herrschaft - dann alles andere. Diese Unterscheidung wird vernachlässigt, wenn der Jargon des „Alles wird gut" die Herrschaft übernimmt und beispielweise ein Sterbender die Nachricht erhält: „Es geht aufwärts." Die Tradition hätte es hier erfordert,

---

[66] Erst im Blick auf den in Jesus leidenden und sterbenden Gott, wird ein befreiender Umgang mit dem Totschlagcharakter dieser Frage möglich.

[67] Vgl. den markanten Ausspruch der Figur eines zynisch gewordenen Geheimdienstbeamten in der Fernsehserie „Der Adler - Die Spur des Verbrechens", Folge „Codename Ares" (Dänemark 2004, Drehbuch von Mai Brostrøm und Peter Thorsboe, Erstsendung im ZDF am 23.1.05, wiederholt am 13.8.06): „Wenn man nicht mehr weiter weiß, versucht der Teufel, einem den Glauben an den lieben Gott wieder einzuflößen."

[68] Vgl. Nenas - Motive von 1 Kor 13 aufnehmender - Schlager „Liebe ist...":
„Liebe will nicht,
Liebe kämpft nicht,
Liebe wird nicht,
Liebe ist.
Liebe sucht nicht,
Liebe fragt nicht,
Liebe ist so wie du bist."

dass der Sterbende auf sein nahes Ende hingewiesen wird - nicht allein, um sein Leben vor Gott zu bedenken, sondern auch, um seine weltlichen Dinge ordnen zu können.[69] Dass heutzutage andere Prioritäten immer noch verbreiteter sind, hat seine Ursache nicht nur in einer individuellen Problematik im Umgang mit dem Tod, die meint, Konflikte vermeiden zu müssen, sondern im gesellschaftlichen Zwang zur guten Nachricht, die nicht die Gute Nachricht ist, die mit dem Wort Evangelium bezeichnet wird. Das nämlich erlaubt Offenheit zum Negativen - weil das Kommen Gottes alles andere in den Schatten stellt.

Auch der Gedanke des Bundes führt theologisch weiter als die, wenngleich biblische, Kurzformel vom Gott, der Liebe ist: Gott setzt Regeln, sanktioniert ihre Verletzung - und gibt seine Beziehung zum Menschen nicht auf, auch wenn dieser sich von ihm abwendet. Gott bleibt der Herr - auch über den ihn ablehnenden Menschen. Der alte biblische Begriff der „Verstockung" verdiente hier neue Aufmerksamkeit.

Die Vorstellung von Liebe nach menschlichem Verstehen, einseitig als Ursache von persönlicher Wunscherfüllung auf die Vorstellung von Gott übertragen[70], findet ihre soteriologische Zuspitzung in dem Satz: „Gott nimmt jeden so an, wie er ist."[71] Unzweifelhaft richtig ist der Satz, insofern er jede für sein Heil relevante Vorleistung auf Seiten des Menschen abweist. Er signalisiert jedoch eine Statik in der allein von Gott her gestifteten Beziehung von Gott und Mensch, die dem biblischen Zeugnis nicht gerecht wird: Wen Gott beruft, der bleibt nicht der Alte. Er ist eine neue Kreatur (Gal 6, 15), kehrt um (Mk 1, 15 EÜ) und wird zum Boten Gottes (Jer 1), bzw. des Evangeliums von Jesus Christus (Apg 9). Der Satz bedarf also der Interpretation, bzw. Umformulierung: Gott nimmt jeden so an, wie er ist - auf dass er nicht bleibe, wer er ist. In diesem Zusammenhang ist an Martin Luthers ‚Kurzformel' zu

[69] Vgl. Philippe Ariès, Geschichte des Todes, München 1980, 24-30.
[70] Schon Meister Eckhart polemisierte: „Aber manche Leute wollen Gott mit den Augen ansehen, mit denen sie eine Kuh ansehen und wollen Gott lieben, wie sie eine Kuh lieben. Die liebst du wegen der Milch und des Käses und deines eigenen Nutzens." (Meister Eckehart. Deutsche Predigten und Traktate, hg. Josef Quint, München [2]1963, Predigt 16, 227).
[71] Google findet in 0,27 Sekunden 2.070.000 Belege.

erinnern: „Die Liebe Gottes findet ihren Gegenstand nicht vor, sondern schafft ihn sich."[72] Gottes Liebe verändert, schafft den Menschen nach seinem Bilde neu. Anders gesagt: „Gott nimmt jeden an, wie Er ist" - nämlich der Herr des Bundes. Denn die Annahme des sündigen Menschen ist ein für allemal in Jesus Christus geschehen: Gottes Liebe hat den Tod ertragen, einen gewaltsamen Tod im Namen des Gesetzes. Das Sterben Gottes in Jesus Christus kann man Liebe nennen - es ist aber auch Schmerz[73], Mühe und Arbeit[74]. Das alles kann nur dann unter der Metapher von Gottes Liebe subsumiert werden, wenn zugleich vom Kreuz Jesu die Rede ist.[75]

Im öffentlichen „Dialog der Religionen" spielt die Liebe eine andere Rolle: Sie verbindet, wo der Glaube trennt. „Liebe und Barmherzigkeit"- das verbindet doch alle Religionen.[76]

---

[72] Vgl. Martin Luther, WA 1, 354, 35f.: „Amor Dei non invenit sed creat suum diligibile". Vgl. a.a.O., 365, 11f.: „Ideo enim peccatores sunt pulchri, quia diliguntur, non ideo diliguntur, quia sunt pulchri." Vgl. auch die interpretierende Fassung des Gedankens bei Andreas Osiander: Unter Berufung auf Joh 15, 4ff heißt es in seiner theologischer Grundsatzerklärung beim Nürnberger Religionsgespräch: „Darumb wendet auch Got der vatter sein lieb, damit er Christum liebt, nicht auff uns, es sey dann Christus in uns und wir in ime, allso das er ytzo nicht uns, sonder Christum in uns lieb hab und wir derselben liebe nicht weiter geniessen, dann soverrn wir Christo anhangen, in ime pleiben und ain gaist mit ihm seyen, »dann wer Got anhanget, der wurdt ain gaist mit ime«." Gott liebt mit der einen Liebe, mit der er Christus liebt, aber er liebt nicht den Menschen als solchen, sondern er liebt ihn in seinem Sohn. Erst dieser macht uns für Gott liebenswert, indem er in uns ist und wir in ihm. (Nr. 43, GA 1, 554, 6f.).

[73] Vgl. Kazoh Kitamori, Theology of the Pain of God (1946), Richmond 1965.

[74] Vgl. Anselm von Canterbury, Cur Deus homo, cp. VIII, hg. von Franciscus Salesius Schmitt, Darmstadt [3]1970, 24 und 25.

[75] Für islamische Gelehrte ist die Rede von der Liebe Gottes zwar zulässig, aber - orthodox verstanden - besteht die Liebe der Menschen zu Gott in der Liebe zu seinen Vorschriften, in der Bereitschaft ihm zu dienen. Weil Liebe die Gleichstellung von Geliebtem und Liebendem beinhalte, gilt: „die Transzendenz Gottes verbietet es, an eine solche Beziehung zwischen Gott und den Menschen zu denken." Der Satz vom Gott, der Liebe ist, kann also erst als spezifisch christliche Aussage formuliert werden. Vgl. Adel Theodor Khoury, Art. Liebe Gottes, in: Adel Theodor Khoury/Ludwig Hagemann/Peter Heine, Islam-Lexikon, Freiburg 1990, 485 und s.u. Kap. 10.

[76] So der Religionsskeptiker und Sohn eines Rabbiners Leon de Winter in der ARD FS-Sendung „Welche Religion hat Gott?" („Sabine Christiansen" am 10.9.06).

10. Bilder- oder Denkverbot?

Das sogenannte Bilderverbot erfreut sich gegenwärtig in weiten Kreisen hoher Wertschätzung - bei gleichzeitiger Herrschaft, ja totaler Dominanz einer globalen Bildergesellschaft durch die elektronischen Medien. Letztere hat sich selbst in Kulturen mit einem strikteren Bilderverbot als in den westlichen Gesellschaften durchgesetzt. Das biblische Verbot der Repräsentanz von Schöpfer und Geschöpf durch ein Bild - sei es mit dem Ziel, sich das Abgebildete beherrschbar machen zu wollen oder sich von ihm beherrschen zu lassen[77] - hat gegenwärtig in großen Teilen der Welt also eine weitere (zunächst stillschweigende) Interpretation erfahren: Nicht Bilder an sich sind verwerflich, sondern Gottesbilder. Da Menschen aber nur in ‚Bild und Gleichnis' erkennen können, wird durch die postmoderne Einschränkung der Bilderverbotes auf Gott der theologische Agnostizismus der Moderne weitergereicht - ohne dass das postmoderne *anything goes* hier Gültigkeit hätte:[78] Gott *kann* nicht bebildert werden - und das *darf* man auch nicht. So steht es doch auch schon in der Bibel. Ein (religions-)pädagogisches Projekt wie „Bilder von Gott" zu malen erscheint als Konzession an Unreife, nicht mehr als ernsthaftes Bemühen, ein Verständnis von Gott zu erlangen.[79]

Erst der Streit um die dänischen Karikaturen des Propheten Mohammed[80] hat eine weltweite Diskussion über Grund und Grenzen eines explizit *religiös* begründeten Bilderverbotes hervorgerufen[81] - ohne die in diesem Fall geschehene erneut veränderte Interpretation kritisieren. Gegen das

---

[77] Letztere ist die biblische, erstere die allgemein-religiöse Begründung eines Bilderverbotes.

[78] Vgl. meine Analysen zur sog. Postmoderne in: Hauke, Gott-Haben, 530-591.

[79] Vgl. das ernsthafte und gelungene Bemühen in dem Film „Fotos von Gott", von Günter Höver, Tellux 1975: Ausgehend von der Frage seines Sohnes «Der Papa ist doch Photograph, warum macht er nicht ein Bild vom lieben Gott?», begibt sich der Vater auf die Suche nach entsprechenden Motiven. Er glaubt, diese in abstrakten Bildern zu finden; gibt aber diese Idee wieder auf und wendet sich der Natur zu. Schließlich beginnt er, Negativerfahrungen des Menschen zu fotografieren: Gott müsse das Positiv dazu sein. Er kommt zur Entdeckung, dass Gott, der Mensch geworden ist, in allen Menschen zu finden sei. Für ihn steht Jesus als Idealbild hinter den Menschen, die er fotografiert.

[80] Erstveröffentlichung in der Zeitung Jyllands-Posten am 30.9.2005.

[81] Google liefert in 0,68 Sekunden 68000 Fundstellen.

reklamierte Verbot, Bilder Gottes *und Mohammeds* zu verfertigen, werden lediglich die Pressefreiheit im Allgemeinen und die Freiheit der Kunst im Besonderen in Anschlag gebracht. Dabei wird durch die exklusive Ausdehnung des Bilderverbotes auf Mohammed dieser in eine für den Islam unziemliche Nähe zum unabbildbaren Gott gerückt. Und auch, dass insbesondere diejenigen, die sich durch Verstöße gegen das derart definierte Bilderverbot wirklich beleidigt sehen, sich ansonsten in der weltlichen Bildergesellschaft bewegen und sich ihrer massiv bedienen - etwa hinsichtlich der „Märtyrerikonographie"[82] - veranlasst sie nicht dazu, grundsätzlich über das Projekt „Gott, Mensch und Bild" nachzudenken.

Aus biblischer Sicht ist bereits der Mensch Bild Gottes. Ein Bilderverbot richtet sich also - soweit es die Darstellung von Menschen betrifft - strenggenommen gegen ‚Bilder von Bildern'. Im Kontakt mit dem bilderfreundlichen Hellenismus hat sich das Judentum streng gegen Bilder von Gott ausgesprochen, Bilder von Tieren und Menschen aber zusehends zugelassen.[83] Der christliche Glaube verstand zudem Jesus als ‚Bild Gottes'[84] und hatte keine Schwierigkeiten, den Menschen Jesus darzustellen - wenn auch zunächst nur im Rahmen des jüdisch-hellenistischen Bildprogramms als neuen Moses, neuen Jonas und Guten Hirten.[85] Darstellungen der Gekreuzigten unterblieben bis ins 4. Jahrhundert.[86] Die Ostkirche kannte Wellen von Idolatrie und Ikonoklasmus, bis sich u.a. durch Johannes Damascenus die bilderfreundliche Haltung bleibend durchsetzte. Jedoch war deutlich, dass der Ikonenmaler nur die menschliche Natur Jesu darstellen kann. Auf die göttliche zu verweisen, war seine Pflicht. Das geschah durch Verwendung von Gold, der ‚Farbe Gottes - und (theologisch gesprochen) durch das Wort: durch die

[82] Vgl. die Gewohnheit von Selbstmordattentätern, vor ihrer Tat Videos zur posthumen Verbreitung anzufertigen.
[83] Vgl. z.B. die frühen Darstellungen von Menschen in der Synagoge von Beit Shean. Vgl. umfassend Silvia Schroer, In Israel gab es Bilder. Nachrichten von darstellender Kunst im Alten Testament (OBO 74) Göttingen 1987.
[84] Vgl. 2 Kor 4, 4; Kol 1, 15; Hebr 1, 3.
[85] Vgl. z.B. die Darstellung der Entwicklung frühchristlicher Katakombenkunst in dem Video „Vom Guten Hirten zum Weltherrscher. Das Christusbild im Wandel der frühen Kirche". Ein Film von Herbert Alexander Stützer und Günter Friedrich, Calwer Verlag, Stuttgart 1993.
[86] Vgl. die früheste Darstellung des Gekreuzigten auf der hölzernen Eingangstür der römischen Kirche Santa Sabina.

vorgeschriebene Inschrift *Jesus Christus*. (In der abendländischen Malerei entspricht diesem Gedanken die Bedeutungsgröße: Jesus wird größer dargestellt als die anderen menschlichen Gestalten.[87]) In der Reformationszeit wurde auch diese Thematik erneut durchdacht. Nach einer kurzen bilderstürmerischen Phase setzte sich eine gemäßigte Haltung durch, die Bilder Jesu und Bilder Gottes in den Kirchen zuließ.

Die historische Reminiszenz kann aber nur feststellen, *dass* das Christentum trotz häufiger Auseinandersetzungen über diese Frage Bilder Gottes grundsätzlich gestattet hat, ohne damit jedoch schon die Frage nach der Berechtigung dieses Handelns beantwortet zu haben. Wird das alttestamentliche Bilderverbot von den Christen heute schlichtweg ignoriert? Das Thema bedarf weiterer hermeneutischer Überlegungen:

Zu Bildern muss man auch Worte zählen. Auch Worte sind ‚Bilder', nicht das mit ihnen Gemeinte selbst - wenngleich diese Unterscheidung auch nur ‚im Wort' möglich ist. So verstanden, sind ‚Bilder' der einzige Zugang zur Wirklichkeit. Auf ‚Bilder' zu verzichten, hieße, auf Erkenntnis zu verzichten. Das alttestamentliche Bilderverbot hat demzufolge nicht nur den Sinn, den Geheimnischarakter Gottes zu wahren, seine Nicht-Erkennbarkeit, sondern wahrt auch die Differenz von Gott und seinem Bild, dem Menschen: Gott der Schöpfer ist im Geschöpf Mensch als seinem Bild - diese Aussage betont gleichermaßen seine Anwesenheit und seine Abwesenheit. Dass der Mensch als Mann und Frau (und im Neuen Testament betont Jesus Christus als der Neue Mensch) als Bild Gottes verstanden wird, wird durch das Verbot für den Menschen, ein Bild zu machen, interpretiert: Gott hat selbst sein Bild geschaffen. Umgekehrt interpretiert das Bilderverbot den Gedanken vom Menschen (Christus) als Bild Gottes: Wenn Gott sichtbar wird, sehen wir einen Menschen.[88]

---

[87] Wenn ein Künstler wie Pieter Bruegel diesem künstlerischen Prinzip zwar noch nachkommt, seine Bilder jedoch durch Landschaften dominieren lässt, kann das in diesem Kontext als Ausdruck einer Moderne verstanden werden, die das Bilderverbot nicht etwa nicht beachtet, sondern nicht mehr versteht.

[88] Vgl. Karl Rahners Satz: „Man könnte von daher den Menschen - ihn in sein höchstes und finsterstes Geheimnis hineinstoßend - definieren als das, was entsteht,

Die Unverwechselbarkeit des Abbildes mit dem Urbild hat die theologische Tradition mit der Denkfigur der *theologia negativa* betont: Alle Ähnlichkeit gilt nur im Rahmen noch größerer Unähnlichkeit.[89] Die *theologia negativa* ist die denkerische Durchdringung des sogenannten Bilderverbotes.

Das Bildverbot ist also kein Denkverbot. Im Gegenteil: Nur im Denken kann verstanden werden, was Bild und Abgebildetes, Urbild und Abbild voneinander unterscheidet. Christlich verstanden ist das sogenannte Bilderverbot eine Einladung zum Denken. ‚Verboten' ist nicht das Bild, sondern die Vorstellung, das Bild sei mehr als nur Zugang zur Wirklichkeit. Dass das Bild Zugang zur Wirklichkeit ist, schließt nicht aus, sondern ein, dass alle Wirklichkeit uns nicht anders als im Denken zugänglich wird. Das dargestellte Bild ist ein Denk-Bild, das anschaulich geworden ist. Seine biblische Berechtigung ergibt sich aus seiner Unvermeidbarkeit, deutlicher gesagt: Erst mit Bildern lässt sich die christliche Bedeutung des Bilderverbotes wahren, Gott als Geheimnis verstehen zu können. Die gesellschaftlich übliche Berufung auf das Bilderverbot läuft hingegen darauf hinaus, die inhaltliche Begegnung mit dem Christentum, mit Jesus als dem Bild Gottes, zu vermeiden.

11. Der *eine* Gott?

Nahezu uneingeschränkte Zustimmung genießt der Glaubenssatz „Wir haben doch alle denselben Gott."[90] Warum? Weil es - wenn es überhaupt einen Gott gibt - nur *einen* Gott gibt. Auch die religionsgeschichtliche Gesamtentwicklung scheint auf diese Einsicht hinauszulaufen. Glaubte Israel noch, sich durch das

---

wenn die Selbstaussage Gottes, sein Wort, in das Leere des gottlosen Nichts liebend hinausgesagt wird." (Gott als Geheimnis der Welt, 222) Vgl. dazu auch die Überlegungen Johannes Wirschings zur „wahren Gestalt des Göttlichen", in: Johannes Wirsching, Menschwerdung. Von der wahren Gestalt des Göttlichen, in: Die Weltlichkeit des Glaubens in der Alten Kirche. Festschrift für Ulrich Wickert zum siebzigsten Geburtstag, Berlin 1997, 399-441.

[89] Vgl. die Formulierung des IV. Laterankonzils: „inter creatorem et creaturam non potest similitudo notari, quin inter eos maior sit dissimilitudo notanda." (DS 806)

[90] Vgl. Erich Kästner: „Ob Jude, Christ, ob Hottentott, wir glauben all' an einen Gott."

(sich entwickelnde[91]) Glaubensbekenntnis „Höre, Israel, der Herr, unser Gott, ist ein einziger!" (Dtn 6, 4) von seiner heidnischen Umwelt abzuheben, ist heutzutage unter Nichtchristen und Christen, selbst unter Atheisten, die verbreiteteste Überzeugung die vom *einen* Gott: Wenn es einen Gott gibt, dann nur einen, einen für alle. Sloganhaft formuliert: „Es kann nur einen geben."[92] Gott selbst also ist *einer*, die Religionen in ihrer Vielzahl gelten demgegenüber als menschlich verschiedene Wege zum einen Gott. Selbst die frühere religionswissenschaftliche Klassifikation *Polytheismus* gilt als unpräzis: Das Phänomen der Vielzahl hinduistischer Göttergestalten beispielsweise verbirgt, dass es sich bei Ihnen nur um Erscheinungsformen des einen Göttlichen handelt.[93]

Die Begründung dieses Satzes spricht in aller Regel davon, es „gebe" nur einen Gott. Diese Vorstellung ist Ausdruck eines dingorientierten Denkens, das sich seine Gegenstände generell als denkunabhängig vorstellt. Dieser Typ der Argumentation ist bekannt aus der Diskussion um den sogenannten ontologischen Gottesbeweis[94]. Gaunilos vollkommene Insel kann gedacht werden - ob es sie gibt oder nicht,[95] Kants *ens perfectissimum* kann eben

---

[91] Bekanntlich rechnete Altisrael durchaus mit der Existenz fremder Götter - für andere Völker: vgl. z.B. Ps 82,1.6 - Anfang einer religionsgeschichtlichen Entwicklung, die einem mittlerweile verstorbenen Gemeindeglied, der im Namen des *einen* Gottes der nationalsozialistischen neuheidnischen Göttervielfalt widerstanden hatte, immer wieder zur Anfechtung wurde: „Wenn in den Psalmen gelegentlich von Göttern die Rede ist - dann muss es sie doch geben?"Zum Streit um den wahren Gott in Alt-Israel vgl. z.B. Ruster, 166-177. Vgl. insbesondere die Problematik um die Göttin Aschera, die zeitweilig als Gattin Jahwes galt. So fand sich in Kuntillet 'Adschrud ein Vorratskrug aus dem 8. bis 7. Jahrhundert mit folgender Inschrift: ... Ich habe Euch gesegnet durch JHWH und seine Aschera. Amaryo sprach zu seinem Herrn: ... Ich habe dich gesegnet durch JHWH und seine Aschera. Er möge dich segnen, und er möge dich behüten, und er möge sein mit meinem Herrn (Art. Aschera (Göttin), in: Wikipedia, vom 18.9.06).

[92] S. o. Anm. 48.

[93] Vgl. Art. Polytheismus, in: Wikipedia vom 29.9.06: „'Wie die Sonne, die sich in den Teichen spiegelt, als ungezählte Sonnen erscheint, so erscheinst auch du, O Mutter, als viele - Du Eine ohne Zweites, Höchstes Brahman!' (Mahakalasamhita)."

[94] Vgl. Dieter Henrich, Der ontologische Gottesbeweis. Sein Problem und seine Geschichte in der Neuzeit, Tübingen ^{2}1967.

[95] Vgl. Anselm von Canterbury, Proslogion, hg. von Franciscus Salesius Schmitt, Stuttgart - Bad Canstatt 1962 und den Einwand von Gaunilo, sowie Anselms Antwort: a.a.O., 136-154. Vgl. dazu jetzt Burkhart Mojsisch (Hg.), Kann Gottes Nicht-sein gedacht werden? Die Kontroverse zwischen Anselm von Canterbury und Gaunilo von Marmoutiers. Lateinisch/Deutsch, Mainz 1990.

nicht gedacht werden, „Sein ist offenbar kein reales Prädikat"[96].

Wir bekommen es hier mit Grundentscheidungen des (abendländischen) Denkens zu tun. Dem vorstellungsgebundenen Denken wird man konzedieren können: In der Tat gibt es Dinge, denen gegenüber es gleichgültig ist, ob sie gedacht werden oder nicht - aber das sind eben nur Dinge. Doch auch für sie gilt: Schon sie sprachlich zu „begreifen", bedeutet, dass sie nur zugänglich werden im Kontext der Welt des Denkens. Sie werden als denkunabhängig gedacht. Diese Sprachwelt ist die einzige Welt, die Menschen zugänglich ist. Was „außerhalb" der Sprache existiert, kann nicht gedacht werden.[97]

Diese Überlegungen der hermeneutischen Philosophie[98] und die Kritik eines am Ding orientierten Denkmodells werden häufig als philosophischer "Trick" empfunden, weil sie den Widerspruch nur erlauben, wenn man bereit ist, dafür einen Selbstwiderspruch in Kauf zu nehmen: Wer der grundlegenden Einheit aller Trennungen widerspricht, bestätigt sie noch einmal, muss also für seinen Widerspruch etwas anderes gelten lassen, als er eigentlich sagen will. Dennoch kann auch im Rahmen theologischer Überlegungen nicht auf philosophische Erwägungen verzichtet werden, da der hier zu analysierende Gedanke vom einen Gott - so meine These - eine bestimmte Philosophie impliziert. Diese Überlegungen, die extrem vereinfachend den Weg der abendländischen Intellektphilosophie vom späten Platon über den Neuplatonismus, über Dietrich von Freiberg, Nikolaus von Kues, Descartes bis hin zu Hegel und die Diskussion, ob es ein Denken ohne Sprache gebe, aufnehmen, erlauben es jedoch, Gott anders zu denken als ein denkunabhängiges Ding. Wollte man dem Modell eines philosophischen Realismus, das gegenwärtig erneut wieder meint, sich einen Gott als Schöpfer vorstellen zu können[99], Recht geben, wäre er nämlich ein

---

[96] Vgl. Immanuel Kant, Kritik der reinen Vernunft, B 626. Darin liegt die Pointe der Kritik der Gottesbeweise beim späten Kant. Sie beruht auf der bei Kant grundlegenden Unterscheidung von „Ding an sich" und „Erscheinung" , m.a.W. auf seiner dualen Erkenntniskonzeption: Erkennen ist Anschauung + Denken.

[97] Vgl. Helmut Gipper, Denken ohne Sprache?, Düsseldorf 1971.

[98] Vgl. Hans-Georg Gadamer, Wahrheit und Methode, Neuausgabe Tübingen ^{2}1993 (Gesammelte Werke 2).

[99] Vgl. die Wiederbelebung des teleologischen Gottesbeweises in der Theorie des

denkunabhängiges Ding unter anderen. Nur eines, für das gilt: „Das nennen alle Gott."[100] Obwohl es doch nur einen Gott geben soll, wird der so gedachte Gott vergleichbar mit anderen denkunabhängigen Dingen - weshalb seine Existenz auch bestritten werden kann. Die Ablehnung dieses denkunabhängigen Gottesbegriffes hat Konsequenzen für die Frage nach dem *einen* Gott: Dessen Einzigkeit kann nur behauptet, nicht wirklich gedacht werden.

Der Widerstand des erkenntnistheoretischen Realismus gegen den ‚gedachten Gott' ist jedoch stark: Erst kommt das Ding, dann das Denken. Das weiß man doch. Der Alltag bestätigt das. Auch theologisch sind Einwände möglich: Dass Denken erst alle Wirklichkeit konstituiert, scheint Gott vom Menschen abhängig zu machen und ein Gottesprädikat auf den Menschen zu übertragen. In der Tat aber haben Teile der Scholastik in unterschiedlicher Auslegung von *Gott* als *intellectus* gesprochen. Dabei haben sie ein neues Verständnis von Gott und dem Menschen als seinem Bild gefunden: Gott ist kein denkunabhängiges Ding, zu dem der Mensch sekundär in Beziehung treten kann oder nicht, sondern Gott ist da, wo gedacht wird. Gottes Nicht-Sein kann behauptet, aber nicht wirklich gedacht werden. Selbst wer Gott verneinen wollte, äußert den Gedanken Gott. Der als *intellectus* gedachte Gott kann aber nicht nur Gedanke sein, sondern ist jene gründende Wirklichkeit, die der Unterscheidung von ‚nur gedacht' und ‚wirklich da' vorausliegt, weil diese Unterscheidung eine gedachte ist.

Dieses Gottesbild wird dem biblischen Gottesbild gerecht: Der Gott, der einen Bund mit den Menschen schließt, der Gott, der Mensch wird, will bei den Menschen sein. Es gehört zu seinem Wesen, Beziehung zu sein und sich in Beziehung zum Menschen zu setzen.[101] Gott ist nicht der Eine, der sekundär

---

intelligent design.

[100] Thomas von Aquins Resümee nach den Schlussfolgerungen der *quinque viae*. Vgl. ders., ST I, 2, 3.

[101] Ich bin hier den religionsphilosophischen Überlegungen meines Lehrers Kurt Flasch gefolgt, die m. W. bisher allerdings nicht im Zusammenhang publiziert worden sind. Einzelne Hinweise finden sich in seiner Darstellung des Denkweges der Philosophie im Mittelalter: Kurt Flasch, Das philosophische Denken im Mittelalter. Von Augustin zu Machiavelli, Stuttgart 1986. Vgl. zu diesem Ansatz auch: Von

eine Beziehung zum Menschen aufnimmt, er ist an und für sich wesentlich Beziehung, unter Verwendung der dogmatisch-philosophischen Fachsprache: subsistente Relation. Einfacher gesagt: Gott ist kein Ding, das man *haben* kann oder nicht, an das man *glauben* kann oder nicht - sondern die Kategorie Relation (Beziehung) ist für Gott wesentlich: Sie ist ‚in' Gott - darum sprechen die Christen von Vater, Sohn und Geist - und sie besteht hinsichtlich des Geschöpfes: Gott will bei den Menschen sein - und er ist es. Von Seiten des Menschen heißt diese Beziehung ‚Glaube'; wenn wir sie als Ausdruck des göttlichen Wesens verstehen, nennen wir sie ‚Liebe'. Darum gehören Gott und Glaube ‚zuhauf', zusammen. Insofern *macht* der Glaube Gott[102]. Um aber nicht zu Gott zu machen, was nicht Gott genannt werden darf (keinen Menschen, kein Ding, keinen Wert, nichts Geschaffenes) kann nur *die* Beziehung nicht zum Götzendienst führen, die selbst von Gott ist, also göttlich ist, die also Gott ist und die Gott selbst möglich macht: Christlich gesprochen, ist dies der Heilige Geist: Der Heilige Geist macht Jesus Christus im Glaubenden gegenwärtig.

Die theologische Rückfrage lautet: Wahrt diese Überlegung Gott als Geheimnis? Macht dieses Gottesbild Gott nicht vom menschlichen Denken abhängig, und ruft es somit nicht die Kritik auf, der Gedanke ‚Gott' sei zwar ein möglicher Gedanke, aber doch „nur" Produkt menschlicher Projektion. Obendrein: Ist diese Philosophie nicht einfach eine klassische Variante, vielleicht ein Vorläufer des postmodernen Konstruktivismus[103], der gegenwärtigen Weltanschauung, jeder lebe in seiner individuellen (Denk-)Welt? Dem ist entgegenzuhalten, dass hier nicht von individuellen Vorstellungen die Rede ist, sondern dass ontologisch gedacht wird: Alles ist „Projektion", alles Denken, auch das Denken dessen, der dies bestritte. Der Vorwurf „Projektion" ist eine Beschreibung des Denkens, er verliert damit den Charakter eines Vorwurfes. Über die Wahrheit oder Unwahrheit eines

---

Meister Dietrich zu Meister Eckhart, hg. von Kurt Flasch, Hamburg 1984 (Corpus Philosophorum Teutonicorum Medii Aevi, Beiheft 2). Mit meinen weiteren Überlegungen weiche ich allerdings von diesen Anregungen ab.

[102] Vgl. Martin Luthers bereits erwähnten Spitzensatz aus dem Großen Galaterkommentar: „Fides est creatrix divinitatis, non in persona, sed in nobis". (WA 40,1, 360, 5.)

[103] Vgl. Art. Konstruktivismus, in: Wikipedia, vom 20.9.2006.

Gedankens entscheidet nicht die Tatsache, dass er gedacht wird, sondern sein Inhalt.

Welche Konsequenzen hat das für den Gedanken des einen Gottes aller Religionen, für den Satz: „Wir haben doch alle denselben Gott"? Wenn der als Denken gedachte Gott im Denken nicht abgelehnt werden kann, ist damit der Denkweg eröffnet, dass es unausweichlich mehrere Götter gibt. Die scholastische Tradition der am Einen orientierten Theologen konnte noch der Meinung sein, mit ihren Überlegungen dem Gedanken des einen Gottes zum Durchbruch zu verhelfen - vereinzelt bereits in der Absicht, so einen Frieden der Religionen[104] herstellen zu können - der postmoderne Individualismus lässt jedoch Denken nur als individuelles Denken zu. Das hat Folgen: Der eine Gott, den allein es angeblich geben soll, wird nicht mehr denkbar. An seine Stelle tritt *mein* Gott.

Schon Martin Luther hat in seiner Auslegung des 1. Gebotes im Großen Katechismus darauf aufmerksam gemacht, was „einen Gott haben" bedeutet: ihm das Herz zu schenken.[105] „Der Gott, von dem das Gebot spricht, steht somit immer in Konkurrenz zu anderen Göttern, die die Herzen ‚haben'."[106]

---

[104] Vgl. Nikolaus von Kues, Philosophisch-theologische Schriften, Bd. III, hg. von Leo Gabriel, Wien 1967: De pace fidei, 705-797 (Studien- und Jubiläumsausgabe).

[105] Martin Luther, Großer Katechismus, Auslegung des 1. Gebotes, WA 30, 1, 132f.: „Was heißt, »einen Gott haben«, bzw. was ist »Gott«? Antwort Ein »Gott« heißt etwas, von dem man alles Gute erhoffen und zu dem man in allen Nöten seine Zuflucht nehmen soll. »Einen Gott haben« heißt also nichts anderes, als ihm von Herzen vertrauen und glauben, wie ich oft gesagt habe, dass allein das Vertrauen und Glaubens des Herzens etwas sowohl zu Gott als zu einem Abgott macht. Ist der Glaube und das Vertrauen recht, so ist auch dein Gott recht, und umgekehrt, wo das Vertrauen falsch und unrecht ist, da ist auch der rechte Gott nicht. Denn die zwei gehören zuhauf (zusammen), Glaube und Gott. Woran du nun, sage ich, dein Herz hängst und [worauf du dich] verlässest, das ist eigentlich dein Gott." (Zitiert nach: Unser Glaube. Die Bekenntnisschriften der evangelisch-lutherischen Kirche, hg. vom Lutherischen Kirchenamt, Gütersloh 1986, 595f.)

[106] Ruster, 156. Vgl. a.a.O., 157: „Gottesdienst gibt es überall und jederzeit, einfach weil das, worauf jemand sein Leben gründet, auch der Gott ist, dem er dient." Luthers ‚funktionaler' Gottesbegriff reicht weiter als die klassischen religiösen Gottesvorstellungen und bezieht für die Gefahr der ‚Vergötterung' alle Lebensbereiche ein. Ruster denkt hier jedoch in erster Linie an das Geld als den Gott der Religion ‚Kapitalismus'. Seine These lautet: „Die alten Götter und Dämonen ... sind wiedergekommen. Sie haben heute in Gestalt unentrinnbarer ökonomischer Zwänge wiederum ihre Herrschaft errichtet." a.a.O., 3. Vgl. auch Friedrich Wilhelm Marquardt, Gott oder Mammon aber: Theologie und Ökonomie bei Martin Luther, in:

Daraus folgt: Nicht überhaupt einen Gott haben, wird hier geboten, auch nicht, nur *einen* Gott zu haben - sondern den rechten. Der Gefahr, Falsches zu vergöttern, lässt sich nicht durch den Hinweis entgehen, es "gebe" nur einen Gott, vielmehr kommt es auf die rechte Beziehung zu Gott an, den rechten Glauben. Luther scheute nicht den Spitzensatz: Der Glaube „macht" Gott (*fides creatrix divinitatis*[107]). Dabei steht es für Luther außer Frage, dass dieser Gott Gott bleibt, denn das ‚Machen' des Glaubens besteht im Empfangenwerden.[108] Der naheliegende Einwand des dingorientierten Denkens, die sogenannten ‚falschen' Götter seien ‚in Wirklichkeit' doch gar keine, sondern nur Hinweise auf menschliche Fehlhaltungen, so dass man diese Denkfigur doch nicht auf andere monotheistische Religionen oder das menschliche Streben nach dem einen Gott und Guten anwenden könne, übersieht die ontologische Dimension von Luthers Einsicht: Was als *mein* Gott ‚funktioniert', *ist* mein Gott. Auch das Eine, der eine Gott aller, funktioniert als Gott. Den *rechten* Gott habe ich noch nicht gefunden, wenn ich den *einen* Gott proklamiere.[109] Der rechte Gott ist auch für Martin Luther allein der, der in Jesus Christus erschienen ist.[110] Ontologisch formuliert: Gott ist nicht ohne

---

ders., Dieter Schellong, Michael Weinrich (Hg.), Einwürfe, München 1983 178: „Wenn Gott verbietet, andere Götter zu haben, dann fällt er damit über eine Wirklichkeit her, in der andere Götter tatsächlich herrschen; er verbietet, weil er deren Herrschaft mißbilligt."

[107] Vgl. Martin Luther, Großer Galaterkommentar: „Fides est creatrix divinitatis, non in persona, sed in nobis". (WA 40,1, 360, 5) Luther dachte hier harmatologisch, bzw. soteriologisch: Die Grenze zwischen rechtem Gott und falschen Göttern, zwischen rechtem Vertrauen und falschem verläuft nicht zwischen Christentum und anderen Religionen, sondern geht immer wieder mitten durch die Christen hindurch. Vgl. Ruster, 157.

[108] Das ist eine Einsicht, die Martin Luther besonders im Kontext der Diskussion um die Taufe betont. Vgl. z.B. Großer Katechismus, Von der Taufe: „mein Glaube macht nicht die Taufe, sondern empfängt die Taufe." (Zitiert nach: Unser Glaube. Die Bekenntnisschriften der evangelisch-lutherischen Kirche, hg. vom Lutherischen Kirchenamt, Gütersloh 1986, 737). Das Empfangen des Glaubens hebt Luther z.B. WA 10, 1, 2, 61, 2-6 hervor.

[109] Diese Einsicht ist auch im Judentum bewusst. Vgl. Jeshajaju Leibowitz, Gespräche über Gott und die Welt, Frankfurt 1990, 124: „Gott ohne Tora ist immer ein Götze."

[110] Marquardt, in: Gott oder Mammon, 206 - 213 interpretiert Luthers Auslegung des 1. Gebotes im Großen Katechismus als Ausdruck einer neuen Art der *theologia negativa*: Luther meine nicht, daß man von Gott keine positiven Aussagen machen könne, sondern man erkenne Gottes Gottsein über die Ablehnung der falschen Götter. Marquardts gnoseologisches und kreuzestheologisches Verständnis des ‚rechten Gottes' übersieht die Bedeutung von Luthers Inkarnationstheologie, wie sie sich beispielsweise in seinen Weihnachtsliedern darstellt: „den aller Weltkreis nie

seine Beziehung zum Menschen zu denken, aber im Denken bleibt er Gott. Die Unterscheidung von Schöpfer und Geschöpf, die grundsätzliche soteriologische Passivität des Menschen wird so gewahrt und nicht etwa dadurch aufgehoben, dass Gott - wie die falschen Götter auch - gedacht wird.[111] Zur weiteren theologischen Begründung des Gedankens vom „rechten" Gott kann auf die trinitätstheologische Einsicht verwiesen werden, dass die ökonomische Trinität die immanente und die immanente auch die ökonomische ist:[112] Gott ist, wie er sich zeigt. Dass er in Jesus Mensch wird, dass Jesus Christus im Glauben gegenwärtig ist,[113] dass Gottes Geist den Glauben schenkt und trägt - das alles führt nicht zum Verlust seiner Göttlichkeit. Gott im Menschen bleibt Gott, ohne den Menschen zu Gott zu machen. Aber ohne diesen Glauben ‚hat' man nicht Gott.

Was tragen diese Überlegungen aus? Der eine Gott, den es vermeintlich geben soll, wird erkannt als einer von vielen selbstgemachten Göttergedanken. Weder die Tatsache, dass Angehörige verschiedener Religionen jeweils nur einen Gott verehren noch das christliche oder philosophische oder religionswissenschaftliche Urteil, es sei dies jeweils derselbe Gott, kann sich auf die Einsichten des biblisch begründeten Glaubens und seine theoretische Durchdringung berufen: Der eine Gott kann

---

beschloss, liegt jetzt in Marien Schoß" - Gott ist in Jesus Christus Mensch geworden. Ort der Gotteserkenntnis ist die Krippe. Vgl. Johannes Wirsching, „Den aller Welt Kreis nie beschloß... Beobachtungen zu Martin Luthers Lobgesang auf die Geburt Christi, in: ders., Glaube im Widerstreit. Ausgewählte Aufsätze und Vorträge, Frankfurt 1988 (Kontexte 4), 73-84.

[111] Nikolaus von Kues dachte Gott deshalb nicht als ‚den ganz anderen', sondern als den „Nicht-anderen", weil alles gegenständlich, denkunabhängig Vorgestellte jedem anderen gegenüber ein anderes ist. Die Metaphorik des ‚ganz anderen' Gottes lässt sich jedoch mit dieser Einsicht einer Intellektphilosophie versöhnen: Wer ‚ganz anders' ist, ist auch ‚nicht anders'. Gott ist nicht im Kontext des konträren oder kontradiktorischen Widerspruchs zu denken, sondern als die *coincidentia oppositorum*.

[112] Vgl. Karl Rahner, Grundkurs des Glaubens, 141f. und Eberhard Jüngel, Das Verhältnis von »ökonomischer« und »immanenter« Trinität. Erwägungen über eine biblische Begründung der Trinitätslehre - im Anschluss an und in Auseinandersetzung mit Karl Rahners Lehre vom dreifaltigen Gott als transzendenten Urgrund der Heilsgeschichte, in: Ders., Entsprechungen: Gott - Wahrheit - Mensch. Theologische Erörterungen, München 1980, 265-275.

[113] Vgl. Tuomo Mannermaa, Der im Glauben gegenwärtige Christus. Rechtfertigung und Vergottung. Zum ökumenischen Dialog, Hannover 1989 (Arbeiten zur Geschichte und Theologie des Luthertums N.F. 8).

nur im Glauben an Jesus Christus erkannt werden. Die Einzahl für sich genommen führt nicht zum Glauben an Gott - sondern zum Glauben an die Einzahl.[114] Wenn es zutrifft, dass für Gott die Beziehung zum Geschöpf wesentlich ist, dass das die wahren Auslegung des biblischen Satzes „Gott ist die Liebe" ist - dann ist Gott nicht der unbezüglich Eine, sondern Einer im anderen, Einer für alle. Aber diese Aussage wird dann nicht gewonnen durch Überlegungen, die von der Offenbarung Gottes in Jesus Christus absehen, sie ist auch nur gültig im Rahmen dieser Offenbarung. Wer an einen Gott glaubt, weil es nur einen Gott ‚gibt', glaubt an einen anderen Gott, den selbstgemachten Abgott im Sinne von Luthers Auslegung des 1. Gebotes.

Eine bedeutende Variante des Gedankens vom einen Gott argumentiert wie folgt: „Wir glauben nämlich, und ich werde nicht davon lassen es immer wieder zu betonen, an ein und denselben Gott. Natürlich sind wir Christen davon überzeugt diesen Gott anders zu erkennen. Wir glauben ihn als Gott Vater, Gott Sohn und Gott Heiliger Geist, aber das ändert nichts an der Tatsache, dass dieser Gott der Gott Abrahams, der Gott Isaaks und der Gott Jakobs ist, den Christen, Juden und Muslime in gleicher Weise verehren. Juden und Muslime sind keine Götzenanbeter. Zu sagen, Muslime beispielsweise glauben nicht an den Sohn Gottes, deshalb glauben sie auch nicht an unseren Gott, das hieße entweder davon auszugehen, dass es noch einen anderen, den muslimischen Gott nämlich, gäbe, - oder aber den Muslimen abzusprechen, dass sie überhaupt an Gott glauben würden. Sie wären dann aber bestenfalls Götzenanbeter. Wer dies im Blick auf den Islam tatsächlich zu denken in der Lage ist, der mag sich einmal vor Augen halten,

---

[114] Von Monolatrie spricht auch Ruster, 178 im Anschluss an den jüdischen Religionsphilosophen Steven S. Schwarzschild: „Die Einzigkeit Gottes muß qualitativ bestimmt werden, und das heißt: Gott muß als qualitativ unterschieden vom gesamten Universum und allen seinen Bestandteilen gedacht werden. Er darf mit nichts von dem vergleichbar sein, was es gibt. Er ist nicht alles und nichts von allem, und alles ist nicht er." Was ist das? Für Schwarzschild natürlich nur das, was sein soll (ought) - Gott ist das Gebieten schlechthin. Jürgen Moltmann hat darauf aufmerksam gemacht, dass strikter Monotheismus nicht nur ein anderes Gottes*bild* im Gläubigen ausprägt, sondern auch zu durchaus unterschiedlichen kulturell-religiösen Ausprägungen des Glaubens an den einen Gott führt - wie es hier mit der Zentralität (oder ‚Göttlichkeit'?!) des Sollens geschieht - und Kritik am christlichen Monotheismus geübt. Vgl. ders., Trinität und Reich Gottes. Zur Gotteslehre, München 1980, 144-175.

welche Ungeheuerlichkeit er im Blick auf das Judentum vollbringt, denn Juden glauben auch nicht an Jesus, als den Sohn Gottes - wer aber möchte es wagen, Juden gegen das Zeugnis der Heiligen Schrift als Götzenanbeter zu bezeichnen!"[115] Dass Christen, Juden und Muslime Gott in gleicher Weise anbeten, trifft offenkundig nicht zu. Dennoch müssen sie sich deshalb keineswegs gegenseitig als Götzenanbeter diskreditieren: Wenn die Beziehung zu Gott allein durch Gottes Geist gestiftet wird, dann kann dieser auch im Glauben anderer Menschen, die nicht explizit das christliche Bekenntnis teilen, am Werk sein - aber ich kann das als Christ nicht in dieser bestimmten Weise *wissen* und Juden und Muslime zu Gläubigen ein und desselben Glaubens vereinnahmen. Hier ist der theologische Imperialismus zu entlarven, der hinter diesem Gedanken steht - eine Denkweise, die auch anderen Religionen nicht fremd ist.[116] Eine überzeugende christliche Theologie der Religionen, die insbesondere der besonderen Rolle des jüdischen Glaubens für die Offenbarung Gottes in Jesus Christus gerecht wird, steht noch aus.[117] Im Unterschied zur römisch-katholischen Theorie der konzentrischen Kreise, die alle Religionen auf die katholische Konfession bezieht[118] und Karl Rahners Theorie vom „anonymen Christen"[119] wäre evangelisch von der Wirklichkeit des Wirkens Gottes durch Jesus Christus im Heiligen Geist unter den Menschen auszugehen.[120] Bewirkt er auch ein

---

[115] Jörg Sieger. Vgl. www.joerg-sieger.de.

[116] Ich wurde bei interreligiösen Begegnungen schon als Sikh, Hindu und Buddhist vereinnahmt. Auf Sri Lanka Buddha Blumen zu streuen - wie das auch von Touristen erwartet wird - mag angesichts des dort herrschenden konservativen Buddhismus, der Buddha als vorbildlichen Menschen - nicht als Gott - verehrt, gerade noch möglich sein.

[117] Vgl. die kritischen Ausführungen Rusters zur sog. Pluralistischen Religionstheorie a.a.O., 195 - 198, insb. 198: „Jede Begegnung biblisch instruierter Menschen mit Menschen anderer Religionen steht jedenfalls unter der Maßgabe des Ersten Gebots und kann nicht anders. Das Gebot will zuerst von uns selbst und gegen die Götter der eigenen Religion gehalten werden."

[118] S. o. Anm. 44.

[119] S. u. Anm. 168.

[120] Die Theologischen Leitlinien der Kammer für Theologie der EKD gehen jedoch vom Gedanken der (gefallenen) Schöpfung aus: „Das Evangelium besagt, dass Gott schon als Schöpfer allen Menschen nahe ist... Sie leben als Gottes Geschöpfe in der durch seine Gnade bestimmten Gegenwart. Auf die Nähe des gnädigen Gottes aber sind alle Menschen umso mehr angewiesen, als sie sich zu ihrem Verderben der Gegenwart Gottes entziehen und also als Sünder leben. Auch darin unterscheiden sich Christen nicht von Menschen anderer Religionen. Das Verhältnis zu ihnen ist also nicht dadurch bestimmt, dass hier Nicht-Sünder Sündern gegenüber treten.

Glauben, dessen Anhänger (noch) nicht explizit in die christliche Tradition einstimmen? Wenn nicht, wie kommt es dann zu dem Christentum ähnlichen Denkfiguren? Hat die Offenbarung Gottes in Jesus Christus sich so selbst den Boden zur Aufnahme bereitet - eine alte Frage, mit der sich das Christentum nicht für sich allein oder in der Weise eines oberflächlichen, unverbindlichen Vergleichens beschäftigen sollte: Andere Religionen wären über das christliche Verständnis einiger Denkfiguren aufzuklären, die sich bei ihnen finden, beispielsweise die der Schekinah[121] im Judentum, der Mystik[122] im Islam oder der Bhakti-Lehre[123] im Hinduismus. Dass auf diese - keineswegs neue - Weise eine andere Religion christlich interpretiert wird, ist zuzugeben. Der „Dialog der Religionen" erhält aber so erst einen konkreten Inhalt. Worüber sollte ohne Gesprächsgegenstand gesprochen werden können und ohne echte Kontroverse? Wenn alle Religionen *per se* gleich gültig wären, wären sie ja gleichgültig. Die Provokation des sich selbst genügen wollenden Menschen und des sich in ‚seiner' Religion einrichtenden Menschen durch das christliche Zeugnis ist unvermeidlich: „Der Unterschied zwischen Christen und Menschen einer anderen Religion wird dagegen durch die Erfahrung der heilsamen Zuwendung Gottes zur Menschheit in der Geschichte Jesu Christi begründet, die nur der an Jesus Christus Glaubende macht. Durch den Glauben an Jesus Christus unterscheidet sich das Christentum von allen anderen Religionen. Im Bekenntnis der Kirche zu Gottes Gegenwart in Jesus

---

Gerade als Sünder sind Christen und Menschen, die eine andere Religion haben, ganz auf Gottes freie, gnädige Zuwendung angewiesen." Christlicher Glaube und nichtchristliche Religionen. Theologische Leitlinien Ein Beitrag der Kammer für Theologie der Evangelischen Kirche in Deutschland Herausgegeben vom Kirchenamt der Evangelischen Kirche in Deutschland, Hannover 200, 8 (EKD Texte 77).

[121] Für das nachexilische Judentum bedeutet die Schekinah: Jahwes Anwesenheit ist ortsgebunden und zugleich unfassbar. Als Beispiel für eine christliche Verwendung dieses Begriffes vgl. Jacques Pohier, Wenn ich Gott sage, Olten und Freiburg 1980.

[122] Mystiker im Islam suchen die Liebe Gottes. Wer Gott liebt, kann alle Dinge lieben, „nicht mehr um ihrer selbst willen, sondern im Lichte Gottes und um Gottes willen." Vgl. Adel Theodor Khoury, Art. Liebe Gottes, in: Adel Theodor Khoury/Ludwig Hagemann/Peter Heine, Islam-Lexikon, Freiburg 1990, 486.

[123] Vgl. Art. Bhakti-Yoga, in: Wikipedia, vom 19.9.06: „Bhakti Yoga ... ist im Hinduismus die Bezeichnung für den Weg der liebenden Hingabe an Gott, der meist als persönlich angesehen wird. Bhakti hat eine eigene, sehr detaillierte Ausformung erfahren. Bhakti ist in allen Hauptrichtungen des Hinduismus, dem Vishnuismus, Shivaismus und Shaktismus zu finden. Dabei nutzt Bhakti Gefühle als einen Weg, Gott nahezukommen oder sich mit ihm zu vereinen. Meist setzt das eine dualistische Gottesvorstellung voraus, da man annimmt, dass Liebe ein Objekt benötige."

Christus und in der Taufe wird dieser Unterschied zwischen der „Versammlung der Glaubenden“ und denjenigen, die in anderen Religionen anderes bekennen, sichtbar und wirksam. Dieses Unterschiedensein stellt Gottes gnädige Zuwendung zu allen Menschen nicht in Frage, macht aber deutlich, dass andere Religionen die Erfahrung des in Jesus Christus allen Menschen nahe kommenden Gottes nicht vermitteln. Das den christlichen Glauben mit den Menschen aller Religionen Verbindende (Gott ist allen Menschen gnädig nahe) ist insofern das sie zugleich Trennende.“[124]

Im Gespräch über strittige Inhalte und ihre ‚Eigentumsrechte‘ können die Christen bescheiden sein: Sie wissen ja, dass nicht ‚richtige‘ *Einsichten* über Gott ihren Glauben ausmachen, sondern das rechte Vertrauen zum wahren Gott.[125] Dieses mit allen Menschen einzuüben ist das Ziel ihrer Mission - nicht interreligiöse Konsenspapiere. Christen müssen Gottes Herrschaft ja nicht selbst verwirklichen, sie können ihr Kommen gelassen erwarten. Im Gespräch über die Frage nach dem einen Gott sollten die Christen allerdings nicht verschweigen, dass sie sich nicht die irenische philosophische These zu eigen machen könne, die davon ausgeht, dass im Dialog der Religionen nur verschiedene Gottes*bilder* zur Diskussion stehen (mit allen Implikationen der hier diskutierten Theorie vom ‚einen Gott‘) - sondern dass im Selbstverständnis des christlichen Glaubens Jesus Christus das wahre Bild Gottes ist. Ihn als das Bild Gottes von Gott zu lösen, führt zur Zerstörung des Christentums. Eine evangelische Theologie der Religionen kann jedoch das Wirken Gottes im Mitmenschen als geschaffenen und erlösungsbedürftigen Bruder wahrnehmen[126]: „Ja, sie begegnen anderen Religionen in der

[124] Christlicher Glaube und nichtchristliche Religionen. Theologische Leitlinien, 8.
[125] A.a.O., 14: „Damit ist aber nicht nur ein Unterschied, sondern auch ein Gegensatz zu anderen Religionen gegeben. Er wird darin sichtbar, dass andere Religionen aufgrund anderer religiöser Erfahrungen Jesus Christus nicht als Ereignis der Wahrheit anzuerkennen vermögen, in dem sich die Rettung der ganzen Welt vollzogen hat und vollzieht.“ Vgl. auch a.a.O., 15: „In dieser Hinsicht sind Christen also in der gleichen Lage wie die Menschen mit anderen religiösen Grunderfahrungen. Sie sind selbst auf das Ereignis der Wahrheit angewiesen, das sie bezeugen. Sie werden das in der Begegnung mit anderen Religionen so klar wie möglich machen müssen. Ihre Lehre, ihre Lebensformen und -ordnungen sind nicht die wahre Religion. Sie sind der Versuch, der Erfahrung der Wahrheit Gottes menschlich zu entsprechen.“
[126] A.a.O., 18: „Gott ist schon mitten unter ihnen in Gestalt des *Menschenbruders,*

Erwartung, dass sich dort ebenfalls in irgendeiner Weise Erfahrungen mit dieser Wahrheit finden,"[127] gemeint ist das Ereignis der Wahrheit Gottes, das aller menschlichen Religion zuvorkommt. Wird diese Aussage explizit als Erfahrung mit Jesus Christus interpretiert, könnte man von „Erfahrungen mit Jesus Christus" in anderen Religionen sprechen.

Exkurs: Gedanken zum Monatsspruch für den Monat Mai 2006[128]
„Ihr seid alle durch den Glauben Gottes Kinder in Christus Jesus." (Gal 3,26)

Na, klar, werden Sie denken, klar doch, dass wir alle Kinder Gottes sind: Schließlich hat er uns alle geschaffen. Das sehen doch schließlich alle religiösen Menschen so und selbst viele Humanisten. Der Monatsspruch klingt damit so recht nach einem Stück aus dem Katechismus des modernen Weltbürgers: Wir mögen zwar verschieden von Gott denken, aber wir sind alle seine Kinder. Das verbindet - und das sei auch gut so. Streit um Religion sei schließlich das letzte, was wir jetzt noch brauchen könnten. So denken wir wohl gern. Nur steht das hier gar nicht. Hier sind nicht pauschal alle angesprochen, nicht alle Menschen; hier werden nicht alle als Geschöpfe unter das Dach einer gemeinsamen Abstammung von Gott gebracht - hier redet Paulus schließlich eine christliche Gemeinde an. Die ist mit dem Wörtchen alle gemeint. Er spricht sie auf den Glauben an: nicht durch Geburt, sondern durch Glauben gehört man dazu. Wozu? Zu Jesus Christus.
Damit gewinnt der Monatsspruch einen anderen Sinn als den, den wir heute gern heraushören wollen. Hier werden nicht alle Menschen der Welt einfach vereinnahmt. Paulus beschreibt mit dem Wort alle die christliche Missionsgemeinde: Die besteht aus Menschen, die aus allen Völkern

---

der aller Religion von Menschen mit dem Grundakt der Liebe Gottes *zuvorkommt.* Gott lässt sich seine Geliebten nicht durch die menschlichen Religionen wegnehmen. Das ist der Grund, warum die Christenheit ihren Glauben an Gott nicht als Gesetz gegen sie wendet, sondern sie in der Atmosphäre des Evangeliums wahrnimmt, in welcher der aller Religion zuvorkommende Gott schon bei ihnen ist."

[127] A.a.O., 16.

[128] in: Jacobi-Thomas-Bote. Gemeindeblatt der evangelischen Kirchengemeinden St. Jacobi-Luisenstadt und St. Thomas, Mai 2006, 2f.

stammen und im Glauben an Christus zu einem Leibe vereint sind, dem Leib Christi. Die sind Gottes Kinder - aber allein in Jesus Christus und zwar durch Glauben an ihn. Was Paulus hier über die Christen in Galatien sagt, beschreibt zunächst also nur die christliche Kirche: Wir alle sind Gottes Kinder. Kinder nennt er uns, weil wir keine Untertanen sind, sondern Erben, Erben der österlichen Erlösung. Als Kirche Jesu Christi also sind wir Gottes Kinder - nicht durch Geburt, sondern durch den Glauben. Grenzt der Monatsspruch damit ab, grenzt er am Ende sogar andere aus? Im Gegenteil: Der Zusammenhang, in dem dieser Satz steht - eine Diskussion über das jüdische Gesetz - macht klar: Nicht mehr nur die Juden tragen den Ehrentitel „Kinder Gottes", er gilt jetzt für alle, die sich zu Jesus Christus bekennen.

Also ein einladender Satz. Weil er nicht vereinnahmt, nicht alle Menschen schon durch Geburt zur Kirche Jesu Christi erklärt. So wird Kirche gerade offen für alle anderen. Nicht alle Menschen sind schon erbberechtigte Kinder der Verheißungen Jesu - aber alle können es werden. Die Folge: Für diese Kindschaft spielen die Unterschiede durch Geburt keine Rolle mehr - egal also ist es, ob Mann oder Frau, reich oder arm - oder welcher Geburtsort in unserem Ausweis steht. Der Glaube an diese Gute Nachricht hat auch uns erst zu wirklichen Kindern Gottes gemacht.

12. Der *eine* Glaube?

In der gegenwärtigen politisch-religiösen Situation Europas nach dem Ende der Ost-West-Konfrontation suchen die nachchristlichen Staaten mit ihrer multiethnischen Bevölkerung nach einem neuen Glauben.[129] Das Christentum

[129] Mit den folgenden Überlegungen schließe ich an meine Ausführungen zur religiösen Lage der Gegenwart an in Hauke, Gott-Haben - um Gottes Willen, S. 530-591. Konnte ich in den 90 Jahren noch von einer Erlebnisgesellschaft sprechen, gilt die Gegenwart nun zusehends als Risikogesellschaft. Vgl. schon Ulrich Beck. Risikogesellschaft. Auf dem Weg in eine andere Moderne, Frankfurt 1986. Meine Ausführungen möchten aufzeigen, wie das neue Lebensrisiko (neo-)religiös bewältigt wird. Das Aufkommen einer neuen Religion haben schon Marquardt und Ruster beobachtet: den globalen Kapitalismus. Schon Walter Benjamin hatte dessen religiöse Bedeutung beschrieben: Vgl. dessen Fragment „Kapitalismus als Religion" (1921), jetzt in: Dirk Baecker, Walter Benjamin, Norbert Bolz, Christoph Deutschmann, Kapitalismus als Religion, Berlin 2002.Der Publizist Christian

erscheint verbraucht, im Osten Deutschlands gilt es als Feindreligion, als Ideologie eines aggressiven Kapitalismus.[130] Der Islam, dem in Europa seit der Aufklärung große Chancen zugemessen wurden,[131] ist durch den islamistischen Terrorismus gebrandmarkt und wird auf absehbare Zeit durch innere Auseinandersetzungen gelähmt sein. Weltlich orientierte Zukunftshoffnungen mit religiösem Charakter wie der Marxismus sind an der wirtschaftlichen Entwicklung zerbrochen. Auch westlich-eschatologische Zukunftshoffnungen auf eine „neue Welt" oder eine „neue Weltordnung" („Meine Kinder sollen es mal besser haben.") müssen sich umorientieren. In dieser Situation entsteht aus Bausteinen der traditionellen Religionen ein neuer Glaube. Die in diesem Essay vorgestellten und beschriebenen Sätze können ihre ursprünglich christliche Herkunft nicht verleugnen, in ihrer heutigen Mixtur funktionieren sie jedoch weniger als Kurzformeln christlichen Glaubens, sondern als Bekenntnisse einer neuen Religion[132], die sich wie folgt darstellt:

Nürnberger hat den neuen Glauben als Glauben an Markt und Technik, als ‚Kalifornische Ideologie' und jüngst als neue Weltreligion bezeichnet. Er vergleicht sie mit dem Baalskult und der Religion des Gottes Melech: Vgl. ders., Die Machtwirtschaft, München 1999 (dtv 24162) und ders., Kirche, wo bist du?, München 2000 (dtv 24232). M.E. hat die Herrschaft dieser Religion zwar seitdem noch zugenommen, sie hat jedoch von ihrer Faszination verloren und wird zunehmend als Problem, nicht als Lösung wahrgenommen. Das von mir beobachtete „neue Glauben" kann mit der Religion Kapitalismus Hand in Hand gehen, ist jedoch von ihr zu unterscheiden. Es tritt auch dort auf, wo der Kapitalismus bekämpft wird.

[130] Vgl. Dirk Ahrens, Fremdreligion? Feindbild!, in: Religionsunterricht 4/2000, 126 und Angelika Thol-Hauke, Christentum als Feindbild? Überlegungen zu Berichten von Religionslehrerinnen in Ost-Berlin, in: Konfessionslos und religiös. Gemeindepädagogische Perspektiven. Eckhart Schwerin zum 65. Geburtstag, hg. von Götz Doyé und Hildrun Keßler, Leipzig 2002, 185-202.

[131] „Aus dem Jahr 1777 stammt ein hoffnungsfroher Bericht des Gesandten der Hohen Pforte in Berlin an den damaligen Sultan Abdulhamid I.: ‚Die Bevölkerung Berlins erkennt den Propheten Muhammad an und scheut sich nicht zu bekennen, dass sie bereit wäre, den Islam anzunehmen'. (www.peterbarth.de/islam/islam.html am 29.9.2006).Vgl. auch die bemerkenswerten Einsichten zu „Europas anderer Religion?" in: Johannes Wirsching, Allah allein ist Gott. Über die Herausforderung der christlichen Welt durch den Islam, Frankfurt 2002.

[132] Die beiden anderen - grundsätzlich möglichen - Deutungen dieser Situation als „Realisation" des christlichen Glaubens (vgl. Dorothee Sölle, Realisation. Studien zum Verhältnis von Theologie und Dichtung nach der Aufklärung, Darmstadt und Neuwied 1973, 29) oder als Selbstauflösung des christlichen Glaubens in einen postchristlichen Humanismus werden nicht dem Heilsversprechen und dem Konkurrenzcharakter dieser Lebenseinstellung gerecht: Sie will an die Stelle des christlichen Glaubens treten - und hat das teilweise auch schon getan.

Es gibt für alle Geschöpfe nur einen Schöpfer, für alle Menschen nur einen Gott. Unterschiedliche Namen sind ihm nur beigelegt, sind Produkte sekundärer geschichtlicher religiöser Konkretionen des einen Grundes von allem.[133] Dieser Gott ist ein Gott der Liebe - in allen Menschen und in mir ganz persönlich anwesend. Wir sind in seiner Hand und stehen unter seinem Schutz. Konkret wird das Wissen um diesen Gott in einer Vielzahl von positiven Einzelerfahrungen: "Da habe ich aber wieder einen Schutzengel gehabt."

Diese Religion hat Ähnlichkeit mit einer im spätantiken Hellenismus verbreiteten kosmopolitischen Lebenseinstellung:[134] Gegen die Angst vor dem Tod hilft die Vorstellung der unsterblichen Seele[135], gegen das kollektive Vergessenwerden der durch Taten erworbene persönliche Nachruhm: Darum die gegenwärtige Versessenheit auf Prominenz[136] - und sei sie noch so flüchtig - und den Eintrag ins Geschichtsbuch. Die Endlichkeit kann auch virtuell bewältigt werden - durch Eintrag ins Internet.[137]

Diese Religion hat Ähnlichkeit mit gnostisch-esoterischen Lebensentwürfen[138] - wie auch das Christentum selbst sie in gewissen Zügen hat:[139] Sie gilt als

---

[133] Vgl. die in der FS-Sendung „Welche Religion hat Gott?" (s. o. Anm. 75) mitgeteilte Tendenz der Umfrage aus Berlin: Gott hat keine Religion, „alle (Religionen) meinen dasselbe".

[134] Sie soll zurückgehen auf den Philosophen Diogenes von Sinope. Vgl. Art. Kosmopolit, in: Wikipedia, vom 29.9.06.

[135] Vgl. das neue Computerspiel „Prey". Das Spielgeschehen basiert auf der möglichen Trennung von „Körper" und „Geist". Vgl. www.prey.com.

[136] Vgl. Andy Warhols These, jeder Mensch könne für 15 Minuten ein Star sein.

[137] Vgl. meine Ausführungen zur Entgrenzung im elektronischen Netz in: Rainer Hauke, Gott-Haben - um Gottes Willen, S. 569-571.

[138] Zur historischen Gnosis vgl. jetzt Christoph Markschies, Die Gnosis, München 2001 (Beck'sche Reihe 2173). Zur umstrittenen Deutung, eine Beziehung zwischen den Einzeltexten einer (re)konstruierten historischen Gnosis, bzw. einem sogenannten Gnostizismus und der Vielfalt der mit dem Sammelbegriff Esoterik belegten Phänomene herzustellen vgl. Art. Gnostizismus, in: www.wikipedia.org am 15.8.06. Will man nicht ganz auf vereinheitlichende Begriffe verzichten, sind die Gemeinsamkeiten gering, nicht einmal die Begriffe ‚Dualismus' und ‚Selbsterlösung' treffen alle Einzeltexte präzise.

[139] Micha Brumlik zufolge (in: Die Gnostiker. Der Traum von der Selbsterlösung des Menschen) fürchten die Christen das Argument, „daß wesentliche Teile der christlichen Religion letztlich als Ausdruck der so hart bekämpften Gnosis dargestellt werden könnten und damit der Einmaligkeitsanspruch des Christentums unkenntlich würde." Er ist der Ansicht, „daß das Christentum selbst eher eine Variante der

altes, allem anderen überlegenes Wissen, das sich nach einer langen Phase der Unterdrückung durch die Kirche(n) nunmehr ausbreiten und zum Bindeglied einer aus den unterschiedlichsten Kulturen der Welt zusammengesetzten Gesellschaft werden kann. Erkenntnis, Wissen ist ihr Hauptmerkmal - aber es ist kein naturwissenschaftlich-empirisches Wissen, sondern überliefertes, bewährtes „Erfahrungswissen". Ihr Zauberwort ist die „Ganzheitlichkeit"[140]. Die Bandbreite der Lebenswelten, in denen sich dieses neue religiöse Lebensgefühl äußert, ist groß: Sie reicht von alternativer Medizin über die Waldorfpädagogik zu „Gärtnern nach dem Mond". Wer an diesem Wissen Anteil hat, erkennt deutlich, was andere bestenfalls verhüllt erkennen. Historische Einsichten gelten als defizient. Sie liefern nur Fakten, aber keine tieferen Einsichten ins Wesen der Dinge. Wer so denkt, erwartet, dass auch alle anderen das erkennen - und darum anerkennen. Toleranz ist also nicht die Lebensform dieser Religion, ihre Umgangsweise mit anderen - sondern ihr Inhalt: die Forderung, ihre Einsicht müsse toleriert werden - als für alle geltend. Sie bietet dafür eine Bewältigung des neuen Lebensrisikos, des Risikos, zu jeder Zeit und an jedem Ort Opfer von Terror und Opfer von wirtschaftlichem Niedergang zu werden: „Alles wird gut." Man muss „positiv denken". Auch in kirchlichen Seniorenkreisen gehört dieser Spruch bereits ins Nähkästchen der Alters- und Alltagweisheiten. Lebenspraktisch führt das aber häufig zur Umleugnung alles Negativen ins vermeintlich Positive - bis hinein ins Absurde: Wenn Kinder schreien, sind die Großen erfreut, weil sie darin einen Ausdruck der Lebensfreude sehen - ohne noch mit dem Sachverhalt zu rechnen, dass ein Schrei grundsätzlich erst einmal Ausdruck subjektiv empfundener Unlust ist. Die Dinge sind eben, wie man sie sieht (und zu sehen gewillt ist). Kostprobe aus dem Jargon der Berater: „Erfolg ist eine Frage der Sichtweise." Obwohl sich nur wenige Menschen als genuine

---

Gnosis als die Gnosis ein Spaltprodukt des Christentums und daß es vor allem der Wille, das jüdische Erbe zu bewahren, gewesen ist, der das Christentum als eigene, eigenständige Religion konstituierte." (a.a.O.)

[140] Dieser Begriff ist längst zum Inbegriff alles Guten geworden: Wer möchte nicht ganzheitlich denken, ganzheitlich leben? Als der Begriff in den 70er Jahren aufkam, bemerkte mein philosophischer Lehrer Kurt Flasch: „Wer den Menschen ganzheitlich denken will, hat ihn zuvor schon zerteilt." Ferner ist an die Bemerkung von Hans Magnus Enzensberger zu erinnern: „Der Preis für Ganzheitlichkeit ist eine große Vereinfachung."

Esoteriker ‚outen' und das Thema ‚New Age' von gestern ist, Elemente dieses Lebensgefühls sind allgegenwärtig. Theologische Literatur, selbst Bibeln, verschwindet vom ersten Büchermarkt[141], sie findet sich allenfalls ganz hinten im Laden - bei den Ratgebern und hinter den Esoterikern. Selbst das Buchprogramm von Verlagen, die religiöse Literatur verlegen, kommt ohne esoterisch geprägte Lebenshilfe nicht aus.[142]

13. Beobachtungen zur Forderung von Toleranz

Der Gedanke der Toleranz ist ambivalent: Steht er ursprünglich für die Maxime, von der eigenen Überzeugung abweichende Überzeugungen, Glaubenseinstellungen und Lebensentwürfe nicht zu bekämpfen, sondern hinzunehmen, im Wortsinn: zu ertragen[143], hat er nach einer langen abendländischen Entwicklung[144] gegenwärtig den Status eines Glaubensinhaltes angenommen: Man hat nicht nur tolerant zu sein, sondern hat an Toleranz zu glauben. Der ethische Wert wurde theologisiert und zum Inhalt der neuen Religion. Er dient als Maßstab für die Bewertung von Religion. Ein Ergebnis dieser Entwicklung ist die Diagnose: Religiöse

---

[141] ALDI allerdings soll angeblich bei seinen gelegentlichen Bibelverkäufen mehr Exemplare als das Deutsche Bibelwerk verkaufen. Das lässt sich jedoch nicht verifizieren.

[142] Vgl. z.B. den Katalog des Verlages Herder.

[143] Vgl. seine Etymologie: ertragen, aushalten. Dem Wort *tolerare* liegt der Stamm *toles* zugrunde, was so viel wie „Last" bedeutet. Friedrich Kluge, Etymologisches Wörterbuch der deutschen Sprache, Berlin ^{22}1989, 731 hingegen erläutert nur die schon abgeleitete Bedeutung im Sinne von „dulden".

[144] Lessings *Nathan der Weise* mag historisch bedeutsam sein, in ihren Auswirkungen ist die Botschaft seiner Ringparabel jedoch zutiefst ambivalent. Christian Nürnberger formuliert präzise: „Die >Ringparabel> war gut für den Frieden, aber schlecht für die Wahrheit." (in: Kirche, wo bist du?, München 2000 (dtv 24232), 299.) Der Ratsvorsitzende der EKD, Bischof Wolfgang Huber, wird deutlicher: „Mit diesem Ausgang der berühmten Ringparabel wird die Frage nach dem Verhältnis von Toleranz und Wahrheit geradezu suspendiert. Das Ertragen einer fremden Wahrheitsüberzeugung wird nicht mehr gefordert; denn nach der Wahrheit der Religion wird überhaupt gar nicht mehr gefragt. Die Wahrheitsgewissheit wird aus einer Überzeugung zu einer Hypothese in praktischer Absicht. Religion wird auf Moralität reduziert." (Religionsfreiheit und offene Gesellschaft - ein Prüfstein aktueller Dialoge in Europa. Vortrag am 30. November 2004 in Brüssel. Vgl. www.ekd.de/vortraege/huber/041130_huber_religionsfreiheit.html).

Menschen sind weniger tolerant als Nichtreligiöse.[145] Eine Schweizer Studie zieht sogar die Konsequenz: „Religiöse Menschen kümmern sich eher um sich selber, Atheisten kümmern sich um andere!"[146] Ihre glaubenskritische Bedeutung erhalten solche Beobachtungen nicht durch die Wiederholung der traditionellen Kritik an der mangelnden Nächstenliebe derer, die die Nächstenliebe auf ihre Fahne geschrieben haben[147], sondern dadurch, dass jeder Glaube - besonders aber das angeblich bei uns dominierende Christentum - unter die Knute der Toleranz gezwungen wird: „Sage mir, wie tolerant du bist, und ich sage dir, wie gut dein Glaube ist." Theologisch geurteilt, stehen wir hier nicht etwa vor einer Wiederkehr der alten (in Wirklichkeit ja nie überwundenen)[148] Werkgerechtigkeit[149], sondern vor einer Theologisierung der Toleranz: Dieser Wert wird zum absoluten Maßstab. Er verdrängt alle anderen. Toleranz wird zur Richtschnur und oberstes Ideal. Das neue erste Gebot lautet: „Du sollst die Toleranz verehren!" Weniger polemisch formuliert: Mit Ausschließlichkeitsanspruch vertreten werden darf allein die Toleranz. Jürgen Moltmann erinnert in diesem Zusammenhang an Herbert Marcuses Begriff der „repressiven Toleranz": „Man darf nichts mehr absolut setzen außer dem Pluralismus."[150] Nicht das Erleiden von Verschiedenheiten steht jedoch auf der Tagesordnung des Toleranzgebotes, sondern in

---

[145] Vgl. exemplarisch die aktuellen Untersuchungen des Schweizer Soziologen Sandro Cattacin. Sie sind Teil des Nationalen Forschungsprojekts NFP 40+ zu rechtsextremen Einstellungen, Fremdenfeindlichkeit und Menschenhass in der Schweiz. Dabei geht Cattacin von der Funktion der Religion aus, Ruhe, Halt und Geborgenheit zu geben. Daran gemessen, kommt er zu dem Ergebnis, Atheisten seien weltoffener, „weil viele religiösen Menschen ihre Werte als die höchsten einstufen." (Eva Nydegger, Wer ist toleranter? Interview mit Sandro Cattacin, in: Coopzeitung Nr. 12 vom 22. März 2006, 27. Vgl. die Diskussion unter www.coopzeitung.ch/forum) Die Diagnose dieser Diagnose lautet: Offenheit und Toleranz werden hier offenkundig höher eingestuft als religiöse Werte.

[146] A.a.O.

[147] Das wäre nur eine Wiederholung des bekannten Totschlag-Arguments: „Wenn die Gläubigen die Wahrheit so wenig leben, an die sie zu glauben vorgeben, so kann an dieser Glaubens-Wahrheit nicht viel sein!" (Jürgen Werbick, Vom Wagnis des Christseins. Wie glaubwürdig ist der Glaube?, München 1995, 13.

[148] Glaube erscheint ja selbst als Werk: Katholiken müssen Gutes tun, Protestanten müssen nur glauben. Vgl. das Problem des Werkcharakters des Glaubens: S. u. 2. Exkurs.

[149] In den Wettbewerb ums beste Gute treten hier ja nur erfragte Einstellungen, nicht erbrachte Leistungen.

[150] Jürgen Moltmann, Dialog oder Mission? Das Christentum und die Religionen in einer gefährdeten Welt, in: Bekenntnis zu dem einen Gott? Christen und Muslime zwischen Mission und Dialog, hg. von Rudolf Weth, Neukirchen-Vluyn 2000, 40f.

Wahrheit das Ausblenden, ja das Aufheben aller Differenz. Der Publizist Nürnberger formuliert deshalb scharf: „Religiöse Toleranz ist im letzten Religionsverachtung."[151] Stößt die Forderung nach Toleranz an die Grenzen befürchteter Gegengewalt - exemplarisch ist die Absetzung der Mozart-Oper Idomeneo vom Spielplan der Deutschen Oper Berlin im Jahre 2006 - wird über die Freiheit der Kunst diskutiert und deren (mögliche) Grenzen, nicht über den (potentiellen) Stein des Anstoßes: den Regieeinfall von Hans Neuenfels, am Ende der Oper die abgeschlagenen Häupter der „Religionsstifter" Jesus, Mohammed und Buddha zu präsentieren. Das den Zuschauern präsentierte Bild deutet die Handlung im Sinne der neuzeitlichen Religionskritik (Nietzsche) als Akt der Befreiung des Menschen. Es unterschlägt, dass sich König Idomeneo selbst in die ‚Opferlogik' verstrickt hat (durch seinen Schwur, für die Rettung aus Sturmesnot den ersten ihm begegnenden Menschen zu opfern) - weshalb ihm das Orakel seinen Absetzung zugunsten seines Sohnes, des Zufallsopfers, verkündet.[152] Die Forderung und Durchsetzung von ‚Toleranz' verdrängt ideologiekritisch über sich selbst aufzuklärende Inhalte. Die Inszenierung perpetuiert vorabrahamitische Religiosität. Abraham hingegen brauchte seinen Sohn nicht zu opfern - Ende der religiös begründbaren Menschenopfer (Gen 22).

Das Christentum - besonders seine protestantische Ausprägung - bietet der neuen Religion vergleichsweise wenig, zu wenig: zu wenig an guten Taten, zu wenig religiöse Praktiken. Es ist ihr zu aggressiv, zu exklusiv und zu geschichtlich. In einem Satz: Es bietet zu wenig Religion. Nur Jesus Christus? Das reduziert die bunte Vielfalt religiöser Erscheinungsformen in Geschichte und Gegenwart auf einen kurzen Zeitabschnitt soteriologischer Relevanz - Erlösung gibt es aber doch für alle. Das sei doch gerade die Botschaft des Christentums. So wird das Christentum gegen sich selbst gewendet, gegen sich selbst ausgespielt, gilt als durch sich selbst überwunden. Was ihm wichtig ist, wird anderweitig besser angeboten. Die neue Religion lacht wie

[151] Nürnberger, Kirche, wo bist du?, 299.

[152] Der Handlungslogik hätte eher der Regieeinfall entsprochen, dass Idomeneo sich selbst das Haupt abschlägt - statt den selbstverschuldeten Konflikt den „Göttern" zuzuschieben.

Annie Oakley: „Alles, was du kannst, kann ich noch viel besser."[153]

Die neue Religion funktioniert als *civil religion*[154], ist damit jedoch noch nicht hinreichend beschrieben. Sie stellt m.E. eine erneute Wiederkehr des schon von Odo Marquard und Peter Koslowski[155] beobachteten „gnostischen

---

[153] Vgl. den Song aus dem Musical Annie Get Your Gun.

[154] Vgl. die Ursprungsbedeutung des Begriffs bei Rousseau: „For Rousseau, civil religion was intended simply as a form of social cement, helping to unify the state by providing it with sacred authority. In his book Rousseau outlines the simple dogmas of the civil religion: the existence of God, the life to come, the reward of virtue and the punishment of vice, and the exclusion of religious intolerance. (Vgl. Art. civil religion, in: www.wikipedia.org am 25.7.06) Der religionssoziologische Begriff, bzw. die journalistische Verwendung des Terminus fokussieren mehr auf das Verhalten von Führungspersönlichkeiten und Volksmengen als auf diese Inhalte. Vgl. a.a.O. und ebd.: Within the contexts of the monotheistic, prophetic, revealed faiths, civil religion can be problematic from a theological perspective. Being identified with a political culture and a leadership hierarchy of an existing society, civil religion can interfere with the prophetic mission of a religious faith. It is hard to make civil religion a platform for rebuking the sins of a people or its institutions, because civil religion exists to make them seem sacred in themselves. ... In the United States, civil religion is often invoked under the name of ‚Judeo-Christian Tradition', a phrase originally intended to be maximally inclusive of the several monotheisms practiced in the United States, assuming that these faiths all worship the same God and share the same values. This assumption tends to dilute the essence of both Judaism and Christianity; recognition of this fact, and the increasing religious diversity of the United States, make this phrase less heard now than it once was, though it is far from extinct." Vgl. ferner Wolfgang Vögele, Zivilreligion in der Bundesrepublik Deutschland, Gütersloh 1994 (Öffentliche Theologie 5) und Rolf Schieder, Civil religion - Die religiöse Dimension der politischen Kultur, Gütersloh 1987.

[155] Peter Koslowski, Gnosis und Gnostizismus in der Philosophie. Systematische Überlegungen, in: Gnosis und Mystik in der Geschichte der Philosophie, hg. von Peter Koslowski, Zürich und München 1988, 368-399. Zu Koslowski Verständnis von Gnosis vgl. Norbert Copray, Vom therapeutischen Potenzial der Spiritualität und seinen Gefährdungen in: Publik-Forum 3 (2004): „Er geht dabei von der Erfahrungsbasis des Gnostikers aus, in der Welt fremd zu sein und sich fremd zu fühlen, wie das auch Sloterdijk ähnlich zugespitzt hat: In der Welt, aber nicht von der Welt sein ist das Los des Menschen aus gnostischer Sicht. Das griechische Wort Gnosis heißt Erkenntnis, Wissen. Doch der Weg zur Wahrheit ist für viele Gnostiker keine Produktion von Wahrheit. Wahrheit ist nicht machbar, nicht herstellbar. Der gnostische Weg besteht vielmehr darin, der Wahrheit inne zu werden, sich von ihr ergreifen zu lassen, sich ihr zu öffnen und zu verstehen: Die Menschen sind die Schriftzeichen der Wahrheit, die Menschheit ist der Sprachschatz Gottes. Von daher sind Selbsterkenntnis und Selbstfindung geboten, um der rettenden Offenbarung bei sich zum Durchbruch und zur Geltung zu verhelfen." Seine eigene Stellungnahme verrät die Aufgeschlossenheit des Autors gegenüber der neuen ‚Gnosis': „Die Gnosis als eine Weltreligion ohne Institution und Dogma bis in heutige Philosophie, Poesie und Psychologie zu verfolgen, birgt die Gefahr, die Gnosis paradoxerweise als eigenständiges Weltbild ohne genaue Grenzen zu überhöhen. Die Gefahr der Gnosis, den Menschen in seinen Möglichkeiten zu überschätzen und aus Gott und Jesus Teile der Seele zu machen, die Träumen und Ängsten entstammen, ist zweifellos die Gefahr vieler neuer spiritueller Strömungen, die an den methodisch

Rezidivs"[156] dar: Es geht ihr um Wissen statt Glauben, obwohl das Gegenteil verbalisiert wird: Lange nicht ist so viel öffentlich „geglaubt" worden: „Du kannst nicht nur glauben, was wir sehn."[157] Glaube als Haltung ist populär, wie lange nicht: „Sie glauben nicht an Gott, sondern an sich selbst? Also glauben Sie doch auch."[158] Glaube wird aber als höheres Wissen eingeführt - nicht als defizientes Wissen. Der postmoderne Mensch glaubt, weil das für ihn einen Mehrwert darstellt gegenüber der verbrauchten Rationalität der Moderne. Insofern gibt es wirklich eine „Renaissance des Religiösen". Eine Renaissance der Religion - im Sinne des Erstarkens einer etablierten Religion - sehe ich jedoch nur sehr bedingt: eine Sicht, die von der aktuellen Shell-Jugendstudie bestätigt wird.[159] Glaube aber ist wieder da, Glaube sogar als eine Macht, die selbst das Wissen übertrifft - aber es ist ein Glaube fürs Ego, der Glaube an die Macht des Einen im Anderen, des Großen im Kleinen, die Macht Gottes in mir. Dieser Glaube ist einer - in allen Glaubensformen sonstiger Art. Er kann sich durchaus einlassen aufs Konkrete - heilige Orte,[160] religiöse Führergestalten,[161] Engel[162] sind beliebt - die neue Religiosität

---

organisierbaren Fortschritt des Bewusstseins und der Selbstentfaltung im Sinne einer Erlösung von negativen Störungen menschlicher Existenz glauben. Die Gefahr des Christentums besteht jedoch darin, im Kampf gegen eine berechtigte innerchristliche Gnosis den therapeutischen Möglichkeiten des Menschen Motiv und Kraft zu nehmen, durch Selbsterfahrung und -findung den eigenen Heilsprozeß zu befördern." (a.a.O.)

[156] Vgl. Odo Marquard, Das gnostische Rezidiv als Gegenneuzeit. Ultrakurztheorem in lockerem Anschluss an Blumenberg, in: Religionstheorie und Politische Theologie, Bd. 2: Gnosis und Politik, München und Paderborn 1984, 31-36.

[157] Vgl. Nenas Schlager „Wunder geschehn...":
„Wunder geschehn, ich habs gesehn
es gibt so vieles was wir nicht verstehn
Wunder geschehn, ich war dabei,
wir dürfen nicht nur an das glauben, was wir sehn."

[158] Triumphierende Bemerkung eines arabischen Unternehmers im Umgang mit einem atheistischen Berliner Kunden.

[159] Klaus Hurrelmann und Mathias Albert, Jugend 2006. Eine pragmatische Generation unter Druck (15. Shell-Jugendstudie, Frankfurt 2006.

[160] Menschen, die sich explizit als Nichtchristen bezeichnen, beteiligen sich an christlichen Wallfahrten, pilgern zu christlichen heiligen Orten als ‚Orten der Kraft' - und zu denen anderer Religionen.

[161] Ich wurde als Gemeindepfarrer von einem jungen Mann besucht, der zunächst einige Gegenstände bei mir unterstellte, sie dann nach einigen Tagen prüfend in die Hand nahm, mir die Hand reichte - und mich anschließend für den ‚Rat der kosmischen Weisen' gewinnen wollte.

[162] Peter L. Bergers Buch A Rumor of Angels. Modern Society and the Rediscovery of the Supernatural, 1970, dt. Auf den Spuren der Engel (1970), jetzt: Freiburg 2001 ist ein früher Beleg für diesen seit langem währenden Trend. Berger sah noch nicht,

verzichtet jedoch auf das Sich-Einlassen auf Jesus Christus oder auf andere Erlöserfiguren: Jeder muss *seinen* Weg gehen, der ‚Erlöser' bedarf selbst der Erlösung.[163] Glaube also ist *in* - Jesus Christus aber *out*. Das Christentum erscheint in gewisser Weise überholt. Seine Lehren sind entweder von gestern - oder sind nunmehr Allgemeingut geworden, das - wie die Liebe und die Toleranz - im Bewusstsein der Zivilgesellschaft besser aufgehoben erscheint als bei ihm selbst. In gewisser Hinsicht ist der christliche Glaube also von seinem eigenen Erfolg überholt worden.[164] Die *Wahrheit* des Glaubens aber wird nicht von der Aneignung einer wie auch immer gearteten Tradition bestimmt, sondern von der eigenen Erfahrung: „Das muss jeder selber wissen."

Der letztlich gnostische Charakter des neuen Glaubens wird hieran - und nicht an der Übernahme klassischer gnostischer Themen - deutlich: Meine eigene Erfahrung ist die überlegene - aber eigentlich könnte sie jeder machen. ‚Erfahrung' ist nicht nur ein Dogma der Religionspädagogik geworden,[165] ‚Erfahrung' ist der Maßstab, mit dem alles in der Welt - auch das Religiöse - gemessen wird. Theologisch berufen können sich die Vertreter dieses Gedankens auf all jene theologischen Ansätze, die von einer ‚natürlichen', im

---

dass der Engelglaube den Glauben an Jesus Christus verdrängen würde.

[163] Wie vor Jahren das apokalyptische Weltbild so wird auch die neue Religion in Produktionen aus Hollywood transportiert: Vgl. z.B. die vierte Staffel der FS-Serie „Andromeda": Die alten Ideale (laut Plot: Wiedererrichtung eines friedlichen „Commonwealth" unter den vielen Völkern der Sternensysteme) sind an der Wirklichkeit (dem Auftauchen eines aggressiven, nichtintegrierbaren Volkes) zerbrochen, jetzt bleibt den Helden nur „der Glaube": Aus dem Verfolgen des großen Ideals wird ein beständiges Bemühen ums Überleben - von Folge zu Folge: Resignation ist keine Möglichkeit. Titel der letzten Folge, die mit dem Sieg des Bösen endet (Erstsendung in Deutschland am 19.3.05, wiederholt am 3.8.06 auf RTL2, Erstsendung in den USA am 17.5.04): „Die Hoffnung stirbt zuletzt." Der als einziger überlebende Held kann in eine andere „Dimension" fliehen und begegnet dort - sich selbst. Bekommt seine Mission eine neue Chance? Die Botschaft: Auch im Untergang muß der Mensch seine Bestimmung erfüllen - und besteht so auch im Untergang. Bloß eine politische Allegorie auf die USA und den Irakkrieg, eine (politisch an den Nationalsozialismus erinnernde) Untergangsmythologie - oder doch das gnostisierende „Stirb und werde"?

[164] Ein besonderes Phänomen besteht darin, dass für christlich ausgegeben und abgelehnt wird, was nicht notwendig christlich ist. Um den christlichen Glauben ablehnen zu können, wird er zuvor auf eine bestimmte Aussage oder Haltung festgelegt - wie es ein höherer Polizeibeamter mir gegenüber ausdrückte „Herr Pfarrer, im Unterschied zu mir müssen Sie doch an das Gute im Menschen glauben!"

[165] Vgl. Ruster, 198f.

Geschöpfsein begründeten Gottesbeziehung des Menschen ausgehen.[166] Die Rolle, die der Erfahrungsbegriff allerdings für ihren Glauben spielt, ist philosophisch unterbestimmt: Setzt Erfahrung nicht Wissen voraus? Weiß ich das, was ich sehe - oder sehe ich nur das, was ich weiß?[167] M.E. verbirgt der Begriff der religiösen Erfahrung nur das sie ermöglichende Wissen. Wird es offengelegt, wird ein Grundwissen sichtbar, das die religiöse Erfahrung nicht nur ermöglicht, sondern auch bestimmt: das Wissen um einen Gott, der sich mir zu erkennen gibt, wenn ich daran mitwirke. Die Zirkelstruktur dieses Satzes verrät einen eher weltanschaulich-gnostischen Hintergrund als einen christlichen, der auch davon ausgehen kann, dass Gott sich die Voraussetzung schafft, ihn zu erkennen.[168] Hier aber ist es der Mensch in seiner Geschöpflichkeit, der sich die persönliche Erfahrung Gottes - geeignete Methoden und große Mühen vorausgesetzt - machen kann. Gottes- und Selbsterkenntnis sind dabei in engster Weise miteinander verwoben. Nicht im anderen, schon gar nicht im Fremden - in sich selbst soll Gott oder das Göttliche gefunden werden. Für dieses Projekt kann man sich all der traditionellen Requisiten des christlichen Glaubens bedienen. Das verschleiert die Erkenntnis, es hier mit einer neuen Religion zu tun zu bekommen. Die Gnosis tarnt sich christlich.[169]

---

[166] In der theologischen Sache ist damit die immer wiederkehrende Frage nach der (Un-)Möglichkeit einer *theologia naturalis* gestellt und die nach dem Verhältnis von *Natur* und *Gnade*. Für die römisch-katholische Theologie wurde die grundsätzliche Möglichkeit einer Gotteserkenntnis mit dem Licht der natürlichen Vernunft durch das I. Vatikanische Konzil auf die Grundlage eines Dogmas gestellt (vgl. DS 3004). Karl Rahner konnte sich darauf berufen für seine Theorien vom 'apriorischen Gottesbezug des Menschen,, vom 'übernatürlichen Existential' und vom 'anonymen Christen'. Vgl. Karl Rahner, Grundkurs des Glaubens. Einführung in den Begriff des Christentums, Freiburg 1976. Die protestantische Theologie legt aufgrund ihrer grundsätzlich kritischen Haltung zur *theologia naturalis* eine größere Zurückhaltung an den Tag, aufgrund von Röm 1,20f. jedoch ohne deren Möglichkeit grundsätzlich bestreiten zu können.

[167] Erkenntnistheoretisch sind damit die beiden denkbaren Grundfiguren aufgerufen, die das abendländische Denken beschäftigt haben, die Reflexion auf den Vorrang von Aktivität oder Passivität im Denken. Die Alternative braucht hier nicht theoretisch entschieden zu werden, sondern für die Begründung der aktiven Rolle des Denkens kann ironischerweise auf die Möglichkeit der Erfahrung, sogar der individuellen, verwiesen werden: Schließlich wirbt der Verlag Dumont mit dem Goethe-Wort „Ich sehe nur, was ich weiß" für seine Reiseführer...

[168] Selbst die römisch-katholische Theologie konnte den totalen Primat der Gnade formulieren: Die Gnade setzt *sich* die Natur voraus.

[169] Vgl. das Ausstellungsprojekt Tierra Santa in Argentinien. Nach Art eines biblischen Disneyland werden dort die biblischen Jesusgeschichten in Animationen

Die Problematik eines solchen Erfahrungsbegriffs für die Gottesbegegnung zeigt sich aber auch daran: „Erfahrung des Wirklichen ist von dem bestimmt, was die Wirklichkeit bestimmt."[170] Und die Wirklichkeit, das „was wirkt", wird nicht nur von mir allein bestimmt, sondern von der jeweiligen soziokulturellen Situation.[171] Die aber ‚färbt' meine Erfahrungen längst nicht mehr christlich, sondern stellt religiös andere Vor-Einstellungen bereit, insbesondere eben die hier analysierte von der Einheit in der Verschiedenheit des Glaubens. Ruster formuliert streng (allerdings im Wesentlichen nur auf die Religion des Kapitalismus[172] bezogen): „Den Erfahrungen der Schülerinnen und Schüler ist in einer christlichen Religionspädagogik nicht mehr zu trauen. Ja noch weiter: Unser aller religiöser Erfahrung ist nicht mehr zu trauen, denn sie verweist uns an die falsche Religion. Oder, wo jemand noch Christ ist: sie verhindert das rechte Unterscheiden zwischen Gott und den Göttern."[173]

Exklusivität und Allgemeinheit sind in der Welt des neuen Glaubens keine Gegensätze, sondern ineinander verschränkt. Jesus ist nicht der Sohn Gottes in einem alle anderen Menschen oder Erlösergestalten ausschließenden Sinn: In jedem lebt die Fähigkeit, sich zu entwickeln, seine Fähigkeiten so zu steigern, dass er Leben und Sterben, auch den Tod meistern kann. Gott ist jenseitig, doch kann jeder zu ihm hinfinden. Im Vergleich zu klassischen gnostischen Systemen scheinen der ontologische Dualismus[174] und die

---

lebendig gemacht: Alle 30 Minuten wird die Auferstehung Jesu „gezeigt". Welches Ziel hat diese Visualisierung des Lebens Jesu? Die Direktorin Maria Antonia Ferro in der FS-Sendung ZDF Auslandsreporter am 6.9.06: Wir führen das Leben Jesu vor, „um Gott in sich selbst zu finden".

170 Ruster, 199.

171 Vgl. die Sentenz „Eine eigene Meinung habe ich dann, wenn ich vergessen habe, wo ich sie gelesen habe." Ich habe nicht vergessen, wo ich das gehört habe - bei meinem Lehrer Kurt Flasch, wohl aber nicht verifizieren können, wo er das gelesen hat. War es in Egon Friedells Kulturgeschichte der Neuzeit?

172 Mittlerweile haben nicht nur Bankgebäude als seine ‚Kathedralen' zu gelten, selbst Supermärkte bedienen sich in ihrer Architektur religiöser Ikonographie: Vgl. den als „Himmelstor" angelegten Supermarkt der Kette Auchan in Cesano Boscone bei Mailand.

173 Ruster, 200.

174 Grundsätzlich kommt kein ‚Dualismus' ohne das Moment der Einheit aus. Duale Denkansätze und Motive - wie die in der Kunst beliebte Spannung von Licht und Schatten - werden nicht als antagonistisch-zerstörend, sondern als miteinander kompatibel gestaltet. Religiöse Bewegungen, die angeblich dem Dualismus

Vorstellung eines Demiurgen zu fehlen: Andererseits wird „Mutter Natur“ in die Nähe eines solchen Konzeptes gerückt, während Gott - wenn es ihn denn gibt - transzendent bleibt. Dualistisch ist die Moral, nicht die Materie: Wer Fehler macht, ist „der Böse“. Weg mit ihm - weg aus den Augen der Öffentlichkeit.[175] Es ist eine Gnosis in Auswahl.

Zu den populärsten Einzelteilen dieses Glaubens gehören das ‚Haben‘ einer Seele und die Vorstellung der Reinkarnation.[176] Beides gilt als natürliche Ausstattung des Menschen, dient zur Sicherung in der gegenwärtigen Risikogesellschaft und schenkt Gelassenheit in allgegenwärtiger Todesgefahr: Wer verunfallt, war eben „zur falschen Zeit am falschen Ort“.

Wollte man das neue Glauben im Kontext etablierter Religionen orten, käme wohl am ehesten der Buddhismus in Frage. Dies gilt z.B. hinsichtlich des Motivs der Selbsterlösung, die aber eher ein Prozess der Selbst- und Welterkenntnis ist: Es geht um die alten religiösen Fragen nach der Vergänglichkeit, nach Leben und Tod, nach dem Leid. Es geht nicht mehr darum, einen für alle verbindlichen Sinn zu finden, sondern um ein persönliches Sich-Arrangieren mit den Verhältnissen: Glaube ist dafür da, daß ich mich gut fühle, dass mein Leben gelingt. Und das gilt auch für den anderen, der dazu aber vielleicht etwas anderes braucht - und für sich (er)findet: Jedem das Seine - *sein* Glaube.

---

anhängen - wie die als ‚Teufelsanbeter‘ verfolgten Jessiden (besser: Yezidi oder Ezidi) - wollen in ihrem Glauben auf die Einsicht aufmerksam machen, dass im Begriffe Gottes auch alle denkerischen Gegensätze vereint sind. Sie integrieren den Dualismus und können sich auch monotheistisch darstellen: „Die ezidische Religion (ist) durch einen mehrere Jahrtausende dauernden Prozeß zustande gekommen. Es fing an mit der Feuer-, über die Sonnenanbetung und Verherrlichung der vier Lebenselemente, Feuer, Erde, Luft und Wasser, und ging über zum Glauben an die Existenz zweier Götter und deren Prinzipien Gut und Böse. Im letzten Stadium entwickelte sich der Glaube an den einzigen und guten Gott „Ezda“ und seinen Erzengel Tawûsî-Melek.“ (www.yezidi.org/yeziden_zarathustra.0.html am 20.9.06)

[175] Vgl. meine Überlegungen im Anschluss an Thomas Lackmann zum „Fegfeuer der Öffentlichkeit“ in: Hauke, Gott-Haben, 539-544.

[176] Die Verkehrung des ursprünglichen Ansatzes ist offensichtlich: Geht es im ursprünglichen Hinduismus um Überwindung des Fluches der Wiedergeburt durch Beendigung des Zyklus, winkt im westlichen Reinkarnationsverständnis die Chance auf ein wiederholtes, besseres Leben. Vgl. Rüdiger Sachau, Westliche Reinkarnationsvorstellungen, Gütersloh 2002.

Die Anpassung des neuen Glaubens an den modernen Individualismus ist perfekt: Jeder Glaube wird belohnt - jedem geschieht, wie er geglaubt hat. Jedem das Seine - sein persönliches Ewiges Leben: „Wir werden aus dem ewigen Leben geboren und kehren zum ewigen Leben zurück. Wie immer wir uns dieses Reich vorstellen, so wird es für uns sein. ... Das Ende der Welt kommt nicht in einem apokalyptischen Ereignis, sondern für jeden in einem anderen, in einem persönlichen Augenblick."[177]

Leben wir also in einer religiösen Nischengesellschaft[178] - mit so vielen Möglichkeiten wie Menschen? Dabei ist die angedeutete Vielfalt doch nur eine scheinbare, insofern sie letzten Endes doch nur als Ausdruck eines tieferen Wissens um das Eine in der Vielfalt der Erscheinungen verstanden wird.[179]

---

[177] Barbara Wood in ihrem Millenniumsroman, Die Prophetin (dt. Frankfurt 1997), 617. Die Botschaft eines neuaufgefundenen Evangeliums kulminiert in der Erkenntnis: „Meine Mutter hatte sich geirrt. Sie glaubte, nur jene, die dem Weg des Gerechten [Jesus, R.H.] folgen, könnten den Tod überwinden. Aber so ist es nicht. Dieser Lohn erwartet alle, die daran glauben, daß sie den Tod überwinden, sei es, daß sie auf das Nirwana des Buddha hoffen, auf das westliche reich der Isis oder auf das Schamilar der Shakti, denn damit hatte mich der Gerechte getröstet, als er sagte: »Das Haus meines Vaters hat viele Wohnungen.« Er bereitet für jeden von uns ein Paradies vor, je nachdem, was wir glauben." (a.a.O., 619f.) Jesus - der Prediger der persönlichen Rettung durch den eigenen Glauben.

[178] Der Ausdruck wurde bekanntlich geprägt von Günther Gaus: im politischen Sinn eine Einschätzung der letzten Phase der DDR aus westlicher Sicht.

[179] Vgl. Andreas Eschbachs Roman „Quest", 2001, jetzt: München [4]2005.: Die Hauptfigur sucht angesichts seines bevorstehen Todes den „Planeten des Ursprungs", um dort („gemäß alten Legenden") Gott (und die Unsterblichkeit) zu finden: Er will den Schöpfer (wie Hiob) zur Rechenschaft ziehen für dieses todbringende Universum. Ein „Unsterblicher" (eine Adaption des Ahasveros-Themas vom „ewig wandernden Juden") weist ihm den Weg - und täuscht ihn, indem er einen beliebigen Ort nennt. Dennoch „funktioniert" der Glaube, den Mittelpunkt des Universums gefunden zu haben: Die Hauptfigur begegnet zwar Gott nicht - macht aber die gesuchte religiöse Erfahrung: „Die Wahrheit ist unfaßbar anders, als wir denken. ... Das Leben ist absurd." (S. 504) Der Mensch ist allein. Und mit diesem Glauben kann man leben. Kommentar des „Unsterblichen": „Eftalan Quest war ein kranker, verzweifelter Mann, und er war besessen von seiner Suche. Er konnte Gott nur auf dem Planeten des Ursprungs begegnen, also war es nötig, dorthin zu fliegen" (S. 523). Für ihn als Skeptiker aber erscheint die Suche sinnlos: „Würdest du wirklich einen Gott kennenlernen wollen, der das Universum so unsinnig gestaltet hat, daß man Millionen von Lichtjahren reisen muß, um ihm zu begegnen?" (a.a.O.) So *hat* nicht nur jeder seinen Glauben - sondern er behält auch darin recht. Der Autors aber bricht den Skeptizismus noch einmal auf und rühmt (unter dem *alter ego* einer fiktiven Datenbank) die mythische Kraft der Geschichten vom Ursprung: „All diese Geschichten rühren an den Kern unserer Seele, erzählen von den Gründen und Bedingungen unserer Existenz. Alles Leben ist eins, flüstern sie uns zu, und: Auch der Fremde ist dein Bruder. ... Das Universum, sagen sie uns, ist Gott, und wir sind

Zu glauben wird so aber wieder eine Selbstverständlichkeit - wie ein altes türkisches Sprichwort sagt: „Ein Mensch ohne Glauben ist wie ein Baum ohne Blätter."[180] Einen Glauben zu haben, spielt beispielsweise für das Leben mit islamisch geprägten Minderheiten (und besonders mit Mehrheiten) in unserer Gesellschaft eine harmonisierende Rolle. Gewiss mögen die Christen nicht nur für einzelne Islamisten als Ungläubige gelten (insoweit sie u.a. an „drei Götter" glauben) - es gibt jedoch auch Muslime, die eine Art Alltagstoleranz beweisen, indem sie (in der im Koran angelegten Weise) unterscheiden zwischen Atheisten und den Angehörigen einer „Religion des Buches".[181] Die Bedeutung einer solchen Alltagstoleranz fürs bürgerliche Zusammenleben, in der Weise, dass man sich gegenseitig Glauben bescheinigt, sollte nicht unterschätzt werden[182] - ihre Tragfähigkeit zerbricht jedoch, sobald man ins Gespräch über die Glaubensinhalte eintritt. Papst Benedikt XVI. unternahm in seiner Regensburger Vorlesung den Versuch, das Thema Glaube und Vernunft zu thematisieren, indem er über das Verhältnis von Religion und Gewalt sprach und - durch Aufnahme einer mittelalterlichen Argumentation gegen Bekehrung durch Gewalt - die zentrale These begründete: „Nicht

---

seine Träume." (S. 523f.)

[180] Erlebnis an einer Berliner Bushaltestelle: Mit Konfirmandinnen bin ich auf dem Weg zum Film „Luther". Junge Türken sprechen die Konfirmandinnen an: „Betet ihr auch? Geht ihr auch in die Kirche?" Einige bejahen zögerlich. Da nennt einer das Sprichwort als Ausspruch seiner Großmutter. Ich mische mich ein: „Eine gute Frau, Ihre Großmutter...". Ähnlich die Großmutter meiner Frau (auf Mölmsch, dem Mülheimer Platt): „Ohne Glau*benn* ster*been*, ohne Glau*benn* ster*been*, ist des Menschen Verder*been*." Glauben vereint, Glaubens*inhalte* trennen?

[181] Präziser muss bezüglich der Christen und Juden von „Teil-Ungläubigen" gesprochen werden - mit der praktischen Konsequenz, daß mit ihnen eine Art Teilgemeinschaft gepflegt werden darf, während für die Ungläubigen im Sinne der wirklichen Polytheisten gilt: „O ihr, die ihr glaubt, nehmt euch ... nicht die Ungläubigen zu Freunden." (Sure 5, 57). Dabei ist den Christen gegenüber den Juden der Vorzug zu geben: „Du wirst sicher finden, daß unter den Menschen diejenigen, die den Gläubigen am stärksten Feindschaft zeigen, die Juden und die Polytheisten sind. Und du wirst sicher finden, daß unter ihnen diejenigen, die den Gläubigen in Liebe am nächsten stehen, die sind, welche sagen: ‚'Wir sind Christen'" (Sure 5, 82). Vgl. Adel Theodor Khoury, Art. Nächstenliebe, in: Adel Theodor Khoury/Ludwig Hagemann/Peter Heine, Islam-Lexikon, Freiburg 1990, 582-587.

[182] Vgl. den Hinweis in Reiseführern, sich in einem islamischen Land nicht als Atheist zu erkennen zu geben, weil Atheismus für Muslime keine menschliche Lebensmöglichkeit ist. Vgl. auch die Äußerung des Imam Hassah Dabbagh in der FS-Sendung „Welche Religion hat Gott?" (s.o. Anm. 83): „Glaube ist angeboren." Auch die römisch-katholische Kirche gilt das Dogma von der Erkennbarkeit Gottes mit dem Licht der natürlichen Vernunft: Vgl. DS 3004.

vernunftgemäß handeln ist dem Wesen Gottes zuwider."[183] Das einleitende islamkritische Zitat aus der Diskussion des byzantinischen Kaisers Manuel II. Palaeologos mit einem gebildeten Perser über die Wahrheit von Christentum und Islam wurde weltweit von zahlreichen Muslimen und muslimischen Organisationen als Beleidigung des Islam interpretiert.[184] Das dahinterstehende Kritikverbot verhindert leider jede Diskussion - stehen hier doch auch aus der christlichen Tradition bekannte theologische Fragen zur Debatte.[185]

---

[183] Benedikt XVI., Glaube, Vernunft und Universität. Erinnerungen und Reflexionen. Ansprache am 12.9.2006, vorläufige Textfassung unter www.vatican.va.

[184] Die Konsequenzen aus dieser Situation sind gegenwärtig noch nicht abzusehen. Intellektuelle Präzisierungen (Missverständnis des Redners durch ein aus dem Zusammenhang gerissenes Zitat, ohne es sich zu eigen zu machen) werden das Grundproblem nicht lösen: Muslime können keine Kritik am Islam und an Mohammed zulassen. Da die öffentliche Diskussion in den aus der Politik bekannten Kategorien von „Einräumen eines Fehlers" und „Entschuldigung" geführt wird, wird übersehen, dass es bei den als Beleidung empfundenen Äußerungen des Papstes nicht um neurotische Kränkungen eines pubertären Ehrgefühls geht, sondern dass hier religiöse Pflichten ins Spiel kommen. Der Koran warnt beispielsweise vor Freundschaft mit den Juden mit dem Argument: Diese „nehmen eure Religion zum Gegenstand von Spott und Spiel" (Sure 5, 57).

[185] Kritische Rückfragen hätte die Papstrede eher seitens protestantischer Theologen verdient: Wie der Papst in seiner Vorlesung anmerkt, kennt zwar schon die spätmittelalterliche Theologie die Unterscheidung von Gottes *voluntas ordinata*, die allein wir kennen, und jener „Freiheit Gottes, kraft derer er auch das Gegenteil von allem, was er getan hat, hätte machen und tun können" (a.a.O.) Die scotistische Diskussion wendet der Papst dann aber vor allem gegen die Enthellenisierungsbemühungen der Reformation und der protestantischen Theologiegeschichte. Vgl. a.a.O. Philosophisch geht es um das Verständnis der Freiheit Gottes: Ist etwas gut, weil Gott es will - oder will Gott das Gute, weil es gut ist? Schränkt das Gute in diesem Fall dann Gottes Freiheit ein? Calvins Beharren auf der doppelten Prädestination und sein Insistieren auf der absoluten Freiheit Gottes aber muss im Zusammenhang seiner Christologie gesehen werden: Wir haben „ein hinreichend klares und sicheres Zeugnis, daß wir ins Buch des Lebens geschrieben sind, wenn wir mit Christus Gemeinschaft haben." (Institutio, 1559, III 24, 4.5., zitiert nach Emanuel Hirsch, Hilfsbuch zum Studium der Dogmatik, Berlin 1964, 172) Die Gemeinschaft mit Christus löst das philosophische Dilemma: Wer zu Christus gehört, ist gerettet. Auch die lutherische Orthodoxie hat Gottes ursprüngliche Freiheit zur Schöpfung (aus Güte oder zur Mitteilung seiner Güte) festgehalten: Er konnte auch anders. (Vgl. Heinrich Schmid, Die Dogmatik der evangelisch-lutherischen Kirche, dargestellt und aus den Quellen belegt, hg. von Horst Georg Pöhlmann, Göttingen ^{9}1979, 116.)Das islamische Gottesverständnis - zumindest in der Interpretation des Ibn Hazn - akzentuiert Gottes absolute Freiheit hingegen bleibend nach Art eines launenhaften menschlichen Herrschers, wenn er erklärt, „daß Gott auch nicht durch sein eigenes Wort gehalten sei und daß nichts ihn verpflichte, uns die Wahrheit zu offenbaren. Wenn er es wollte, müsse der Mensch auch Götzendienst treiben". (a.a.O.) Dieser Gott kann immer noch anders. Dass Benedikt XVI. die Problematik der Freiheit Gottes ohne den notwendigen Verweis auf die Christologie entwirft, muß aus protestantischer Sicht als schwerer Mangel kritisiert werden, der die folgenden

Auch aus christlicher Sicht ist obendrein deutlich: Die periphere Rolle Jesu im Koran und seine zentrale Stellung im Neuen Testament sind nicht miteinander vereinbar.[186] Wenn das die Situation für einen "Dialog" der Religionen ist - wie kann der öffentliche Diskurs dennoch von der Forderung danach bestimmt sein? Die neue Religion des *einen Glaubens* muss - gegen ihre erklärte Absicht - versuchen, solche Gespräche zu vermeiden, sie kann den Dialog der Religionen immer nur fordern, nie fördern oder gar führen. Was hätte sie auch zu sagen?

In dieser Situation gewinnen die Überlegungen Karl Barths über Religion als Unglaube neue Aktualität,[187] wird die Unterscheidung von Religion und Christentum wichtiger denn je, heute als Unterscheidung von "Glaube" und Christusglaube. Zu erinnern ist erneut an die reformatorische Einsicht des Andreas Osiander: Glaube ist Christus-Glaube - oder Unglaube; kein leeres Gefäß, das man mit verschiedenen Flüssigkeiten füllen könnte.[188]

14. Der Glaube als Werk

Menschen sind wieder stolz auf ihren Glauben. Er zeichnet sie aus, grenzt von anderen ab, macht ihre Identität aus: „Ich habe meinen Glauben." Glaube ist eine Selbstinszenierungsrequisite.[189] Wird er damit - theologisch geurteilt - zur Leistung, zum Werk?

Der Verdacht findet Nahrung durch Beobachtungen zwischen den Konfessionen: Wo - wie in der Beichterziehung - Katholiken ein Regelwerk guter Taten begegnet, sieht sich der evangelische Christ mit der Forderung konfrontiert zu „glauben". In seiner Polemik gegen den Leistungscharakter

Ausführungen in die Nähe einer Logosphilosophie rückt.

186 Vgl. Wirsching, Allah allein ist Gott, 98 -102 im Anschluss an Heikki Räisänen, Das koranische Jesusbild. Ein Beitrag zur Theologie des Koran, Helsinki 1971.

187 Vgl. insbesondere Karl Barth, Kirchliche Dogmatik, Bd. 1,2: Die Lehre vom Wort Gottes. Zweiter Teil: Die Offenbarung Gottes/Die Heilige Schrift/Die Verkündigung der Kirche, Zürich [7]1983, 327-330.

188 Vgl. Andreas Osiander, GA 10, 168,21f. und 170,25.

189 Vgl. Werbick, 15.

guter Werke gelangt schon Martin Luther zu dem Spitzensatz, der Glaube sei das einzige Werk.[190]

In der Tat: Wird der Glaube in seiner anthropologischen Dimension betrachtet, als Ausstattung im psychischen Haushalt des Menschen, dann kann er - wie andere Fähigkeiten auch - erworben und gelernt, gepflegt und gehegt, erweitert oder verkürzt, traditionell gesprochen: als Habitus interpretiert werden. Unleugbar gibt es empirisch so etwas wie eine Entwicklung des Glaubens. Große Resonanz gefunden hat in diesem Zusammenhang Fowlers Stufenmodell des Glaubens und seine Unterscheidung von *faith* (Lebensglaube) und *belief* (Inhaltsglaube).[191] Hier kommt Glaube - in seiner Entwicklung weg von Fremdbestimmung hin zu einem autonomen Glauben - in der Tat primär als menschliches Werk in den Blick.[192] Der Mensch wird zum Schöpfer seines Glaubens. Wird diese - empirisch zutreffende Beobachtung - jedoch zur pädagogischen Norm erhoben, wird der Zugang zum biblischen Glauben im Sinn der Übernahme einer Tradition jedoch erschwert, weil das - psychologisch gesehen - unreifer ist als die Kreation eines ‚eigenen' Glaubens. Das dem jüdisch-christlichen Glauben (und dem Islam) wichtige Motiv einer positiven, weil rettenden Fremdbestimmung des Glaubens durch (Selbst-)Offenbarung Gottes ist bei Fowler unterbestimmt.

Tritt der Glaube also an die Stelle des vom Menschen für sein Heil zu vollbringenden Werkes ist die Gefahr nicht ausgeschlossen, dass der Glaube selbst zum Werk, allgemeiner gesprochen: zur menschlichen Leistung wird.

---

[190] Vgl. Martin Luther, Sermo von den guten Werken, WA 6, 204, 25f. und WA 16, 187, 31: „Der Glaube ist ein gros herrlich werck." Wenn Luther jedoch differenziert, heißt es unmissverständlich: „Der Glaube ist kein Werk, sondern er ist Lehrmeisterin und der Lebensnerv der Werke." (WA 6, 520, 26f.)

[191] James W. Fowler, Stufen des Glaubens. Die Psychologie der menschlichen Entwicklung und die Suche nach Sinn, Gütersloh 2000. Die von ihm unterschiedenen Stufen sind die eines intuitiv-projektiven Glaubens, eines mythisch-wörtlichen Glaubens, eines synthetisch-konventionellen Glaubens, eines individuierend-reflektierenden Glaubens, eines verbindenden und eines universalisierenden Glaubens.

[192] Vgl. Kathrin Lückmann, Stufenentwicklung nach James W. Fowler, unter: www.hausarbeiten.de/faecher/vorschau/42933.html am 29.9.2006: „Für Fowler ist die Entwicklung des Glaubens mit dem sogenannten Sinn-Schaffen gleichzusetzen."

Das gilt besonders für das neue Glauben, das sich seiner empirischen Stärke wieder bewusst wird: Glaube versetzt Berge.[193]

Das Thema Glaube stellt sich gegenwärtig auch in einem weiteren neuen Kontext. Zu glauben hat seinen neuzeitlich-aufklärerischen Legitimationsbedarf gegenüber dem sich überlegen gebenden Wissen abgelegt. Zwar ist die traditionelle Konfrontation - beispielsweise im Gespräch mit den Naturwissenschaften[194] - immer noch vorhanden, aber das frühneuzeitliche Wissensmodell von Wissen aus dem jedermann (zumindest grundsätzlich) nachvollziehbaren, weil wiederholbaren Experiment hat seine gesellschaftliche Begrenztheit erkannt: 1. Es schließt das hermeneutische Wissensmodell der Geisteswissenschaften aus. 2. Naturwissenschaftliches Wissen versteht sich als korrekturoffene Theorie, als Modell, das empirisch belegbar, aber nicht beweisbar ist.[195] 3. Einzelne naturwissenschaftliche Erkenntnisse können nur noch von einem engen Kreis von Fachleuten verstanden, aus finanziellen Gründen weltweit nur von wenigen nachgeprüft werden. 4. Selbst Ereignisse, die grundsätzlich gewusst werden können, werden nicht von allen geglaubt.[196] Die Folge: Wissenschaftlich gewonnenes Wissen hat seinen (merkantilen) Nutzen - mehr aber auch nicht: "Heute

---

[193] Dieser Glaube hat Erfolg: Ein in einem Tunnel lebender Obdachloser in den USA zieht Blumen auf. Wie können sie untertage blühen - und das schon 30 Tage lang, ohne Wasser und Licht? „... weil ich einen Glauben habe.... Man muss einen Glauben haben."

[194] Vgl. jetzt Gottesglaube - ein Selektionsvorteil? Religion in der Evolution - Natur- und Geisteswissenschaftler im Gespräch, hg. von Sigurd Martin Daecke und Jürgen Schnakenberg, Gütersloh 2000; John Polkinghorne, Theologie und Naturwissenschaften. Eine Einführung, Gütersloh 2001 und Walter S. Moos, Gott und die Physik. Über Naturwissenschaft und Religion, Düsseldorf 2002.

[195] Der (noch nicht wirklich wieder stattfindende) Dialog von Naturwissenschaft und Theologie hat besonders von Seiten neuer Theoriebildungen in der Physik die Begrenztheit des menschlichen Wissens trotz nahezu exponentieller Zunahme von Einzelergebnissen erkennbar werden lassen. Eine neue Aufgeschlossenheit für Fragen des Glaubens ist besonders auf Seiten zahlreicher Naturwissenschaftler zu beobachten - über ethische Fragen hinaus. In der Theorie des *intelligent design* lebt der seit Kant für die (deutsche) Theologie totgesagte teleologische „Gottesbeweis" wieder auf. Vgl. das Seminar „Im Anfang... Naturwissenschaft und Theologie im Dialog?" Thesenpapiere und Literatur auf www.rainerhauke.de.

[196] Die Verschwörungstheoretiker, die beispielweise die Realität der ersten Mondlandung vor vierzig Jahren bezweifeln, sterben nicht aus - ebenso wenig jene, die George W. Bush als Drahtzieher des 11. September zu „entlarven" versuchen. Vgl. das im Internet veröffentlichte Video „Loose Change": www.loosechange911.com.

besteht die absolute Wahrheit der Wissenschaft in der Überzeugung, dass es keine absolute Wahrheit gibt.“[197] In der Konkurrenz mit dem Glauben hat das wissenschaftliche Wissen den Kampf um die Herzen der Menschen verloren - auch, wenn das noch nicht alle gemerkt haben.

Die bemerkenswerteste Einsicht in das Phänomen des neuen Glaubens dürfte deshalb darin bestehen, dass Glaube hier als Steigerungsphänomen auftritt: Glaube ist nicht nur mehr als Wissen, wer "(s)einen Glauben hat" verfügt über Sicherheit und Absicherung.
- und sei es die Absicherung seines Wissens. Zu glauben versichert sich der Wahrheit, versichert anderen die Wahrheit seines Wissens.

15. Konsequenzen für den christlichen Glauben

Wenn jeder „seinen Glauben hat", werde ich dann ‚meinen' auch haben können? In der religiösen Nischengesellschaft der Gegenwart, in der jeder Glaube seine Anhänger findet, wird auch das Christentum wohl noch (s)eine Nische finden. Es wird darum noch lange glauben können, diese Gesellschaft sei von christlichen Werten geprägt - solange es sich nicht darüber klar wird, dass die postchristlichen Versatzstücke einer neuen Religion dienstbar geworden sind. Ihr Herr ist nicht mehr Jesus Christus, sondern das Individuum, das sich als religiös reif geworden einschätzt: Die etablierten Religionen sind gut für Anfänger, insbesondere für Kinder - christliche Kindergärten, Schulen und Kirchen gebraucht man darum wie verschiedene Autotypen: zum eigenen Nutzen, ohne Leidenschaft (oder mit nicht mehr als genau dem nötigen Maß an Leidenschaft), ohne mehr als nur partielle Identifikation.[198] Das neue Glauben ist also nicht nur stark, es ist auch billig:

[197] Nürnberger, Kirche, wo bist du?, 301. Die (Natur-)Wissenschaft hat nur noch die Ergebnisse von Auftragsarbeiten zu verkaufen - jeweilige Einsichten. Nach ‚Wahrheit' zu suchen, bleibt wenigen Grundlagenforschern vorbehalten. Ob deshalb „das neue Gespräch zwischen Naturwissenschaft und Theologie" vor allem von Seiten der Naturwissenschaftler gesucht wird?
[198] Vgl. Joseph Ratzinger, Der angezweifelte Wahrheitsanspruch. Die Krise des Christentums am Beginn des dritten Jahrtausends, in: Frankfurter Allgemeine Zeitung vom 8.1.2000: „In diesem Sinn kann man dann - wie es scheint - fortfahren,

Es kommt ohne eigene (kirchliche) Organisation aus. Damit vermeidet es die Schattenseiten alles Organisierten: Vereinsmeierei, Geltungssucht von Funktionären, Kosten.[199]

Wie können sich die Christinnen und Christen mit dieser Entwicklung auseinandersetzen? Sie werden gewiss weiterhin die Vielfalt der an sie gerichteten Erwartungen bedienen - und sich darum weiterhin gefragt und ‚wichtig' fühlen. Sie haben ja wenig Chancen, wenn sie diese aufgezeigten Entwicklungen bloß analysieren und kritisieren: Analyse ist Besserwisserei. Kritik ist nicht gefragt und stört die Sehnsucht nach Harmonie.[200]

---

ein Christ zu bleiben; man bedient sich weiterhin der Ausdrucksformen des Christentums, deren Anspruch freilich von Grund auf verändert ist: Was als Wahrheit verpflichtende Kraft und verläßliche Verheißung für den Menschen gewesen war, wird nun zu einer kulturellen Ausdrucksform des allgemeinen religiösen Empfindens, die uns durch die Zufälle unserer europäischen Herkunft nahe gelegt ist."

[199] Nürnbergers Modell einer „Kirche im christlichen Kapitalismus", die Vorstellung ökonomisch tätiger Gemeinden, die ihren Lebensunterhalt als Teilnehmer am Wirtschaftsprozess verdienen, ist demgegenüber rührend naiv. Es übersieht die schon seit langem damit gemachten Erfahrungen, insbesondere aber die ökonomischen Probleme, die insolvente kirchennahe Unternehmen ihren Eigentümergemeinden, bzw. Gemeindeverbänden bereitet haben. Vgl. ders., Kirche, wo bist du?, 250ff.

[200] Die Mutter einer Konfirmandin aus meiner Gemeinde wollte für ihr zweites Kind am liebsten beides: eine muslimische Zeremonie - die Aqiqa, ein Fest anlässlich der Namensgebung - *und* die christliche Taufe. Ich musste mich informieren: Wird in einer muslimischen Familie ein Kind geboren, wird sogleich nach der Durchtrennung der Nabelschnur der Adân (Gebetsruf) in das rechte Ohr des Kindes gesprochen. Diese symbolische Handlung soll an den Bund, der zwischen Mensch und Schöpfer geschlossen wurde, erinnern. Somit bestehen die ersten Worte, die an das Kind gerichtet werden, aus dem Glaubensbekenntnis und der Aufforderung zum Gebet: „Und als dein Herr aus den Kindern Adams - aus ihren Lenden - ihre Nachkommenschaft hervorbrachte und sie zu Zeugen gegen sich selbst machte, indem Er sprach: >Bin ich nicht euer Herr?< sagten sie, >doch, wir bezeugen es.< Dies ist so, damit ihr nicht am Tage der Auferstehung sprecht: >Siehe, wir wußten nichts davon. < ".Eine »Taufe« findet im übrigen nicht statt, da ohnehin jedes Lebewesen aufgrund des Willens Gottes und somit auch »im Namen Gottes« existiert. Es ist auch nicht die Taufe, die den Menschen zu einem »gläubigen« Menschen macht, sondern seine Denkweise und sein tägliches Verhalten. Die Aqiqa ist ein Dankopfer aus Freude über das Neugeborene. Anlässlich der Geburt eines Kindes wird gemäß der Sunna ein Lamm geschlachtet, dessen Fleisch an Bedürftige als Sadaqah verteilt wird. Außerdem gehört es zur Sunna, daß dem Kind die Haare abrasiert werden, das Gewicht der rasierten Haare gegen das entsprechende Gewicht in Gold aufgewogen wird und der dem Goldgewicht entsprechende Geldwert ebenfalls als Sadaqah an Bedürftige verteilt wird - soweit es die wirtschaftlichen Verhältnisse der Familie zulassen. Als Fest der Namensgebung verstanden, schien die Aqiqa der Mutter mit der christlichen Taufe kompatibel. Wie aber würde der muslimische Vater reagieren auf folgende Worte aus der Liturgie der Taufe: „Wer

Dennoch: Die beste Reaktion scheint mir eine pointiert christliche Verkündigung zu sein, die das öffentliche Harmoniegebot mit seiner ‚Einheitsideologie' bricht. Es ist also Jesus Christus der Gekreuzigte zu predigen - als der Herr der Welt, in dem allein Heil und Leben zu finden ist. Vor Kritik an der Welt und an ihrer neuen Religion steht notwendige Selbstkritik: Die christlichen Gemeinden, ihre einzelnen Glieder brauchen nicht weniger, sondern mehr theologische Kenntnisse.[201] Bis in den Alltag hinein gilt es, die neue Gottgläubigkeit in Frage zu stellen: Sie glauben an Gott? An welchen denn? Es *gibt* nur einen, sagen Sie? Aber vergöttern die Menschen denn nicht alles Mögliche - und am meisten sich selbst?

Was ist es, was die neue Religion mit den Menschen macht? Sie vereinfacht eine immer komplexer werdende Welt, reduziert ihre Vielfalt und Widersprüchlichkeiten, gibt den Menschen das Gefühl, diese Welt zu durchschauen. Sie vermindert mögliche Konflikte.[202] Das mögen viele positiv einschätzen: Stehen die Menschen in der globalisierten Gesellschaft nicht in vielen Lebensbereichen schon genug unter Druck? Was noch kann ihnen an Auseinandersetzungen zugemutet werden? Tatsächlich: Das neue Glauben fordert nur wenig bis keine Veränderungsbereitschaft. Und das scheint in der Tat zu entlasten. Diese Ideologie aber fördert zugleich geistige Lethargie und Anpassung, statt auch Welt- und Lebensanschauungen in ein fruchtbares und konstruktives Streitmodell einzubeziehen. Langfristig gesehen ist diese Einstellung schädlich. Sie leugnet vorhandene Probleme, ‚denkt' sie sich weg.

---

sich taufen lässt, will seinem Leben eine neue Richtung geben: Wort und Geist Jesu sollen seinen Weg bestimmen. Darum sagt er ab allen Mächten, Gedanken und Kräften, die uns von Gott trennen wollen. So frage ich dich: Sagst du ab der Macht des Bösen und willst du Christus als deinem Herrn zugehören? Antwort: Jesus Christus soll mein Herr sein. Darum sage ich ab der Macht des Bösen." Die Entscheidung der Mutter wurde mir nicht bekannt.

[201] Dass viele der kurzen Bekenntnissätze freikirchlicher Herkunft sind und ihre Anhänger sich kritischer theologischer Analyse gegenüber zurückhaltend verhalten, sollte eher zur Stärkung der landeskirchlichen theologischen Ausbildung veranlassen. Nicht ohne *intellectus*, nicht ohne Glaubenseinsicht kann der Glaube leben.

[202] Vgl. die Wunschvorstellung eines solchen UN-Glaubens in: Jostein Gaarder, Sofies Welt. Roman über die Geschichte der Philosophie, München 1993. Hier ist es der Gedanke von der einen Weltregierung durch die UNO, a.a.O., S. 342: „Möge die UNO eines Tages die Menschheit wirklich zusammenbringen."

Die Dominanz der Kategorie Liebe glättet, führt zur Gleichgültigkeit.

Der christliche Glaube hingegen stört die mentale Einheitsideologie. Er protestiert dagegen, sich unter das Dach einer größeren Allgemeinheit begeben zu müssen. Die einzelnen Gläubigen mögen das nicht in jedem Fall als Zugewinn beurteilen, diese Freiheit gegenüber der Welt, dennoch gilt: Nein sagen können macht frei. Das Grundmodell dieses christlichen Lebens liefert die (Missions-)Taufe: Das Bekenntnis zu Gott in Jesus Christus ist Absage an alle anderen Götter.[203] Es führt zu Einsichten, die sonst nicht zu haben sind, Einsichten in das dialektische Wesen des Menschen. Dessen gute Taten beispielsweise vermehren häufig die Probleme der Welt, statt sie zu lösen.[204] Die Dialektik dessen, das, wer das Gute will, stets auch das Böse schafft, hat christlich einen Namen: Sünde. Gerade den *guten* Menschen als Sünder begreifen zu können - das ist der praktische Gewinn, den man vom Christentum haben kann, das ‚andere' des christlichen Glaubens.

Die christlichen Kirchen müssen in dieser Situation darauf verzichten, staatliche Ordnungen zu verdoppeln und staatliche Anerkennung zu suchen. Das Gutmenschentum ist nicht ihr Partner, sondern ihr ideologischer Gegner. Es ist nicht christlich, alle gesellschaftlich vorhandenen Forderungen durch noch größere Forderungen zu ‚toppen'. Gegen solche ‚Tyrannei der Werte'[205] ist das befreiende Evangelium von der Vergebung der Sünden zu setzen: also weniger allgemein-menschliche Ethik und mehr spezifisch christliche Lebensdeutung. Um der Wahrheit der biblischen Botschaft willen muss sich der christliche Glaube frei machen von allen Umarmungsstrategien - ebenso darauf verzichten, gesellschaftlich nützlich sein zu wollen, wie darauf, nur zu

---

[203] Vgl. Carl Heinz Ratschow, Die eine christliche Taufe, Gütersloh ^{3}1983.

[204] Als Beleg für diese These mag man an die bisher vergeblichen Versuche denken, für alle Menschen ihre deklarierten Grundrechte durchzusetzen - oder auch nur, Steuergerechtigkeit zu schaffen. Wie sagt es der Volksmund? Gut gemeint ist das Gegenteil von gut.

[205] Vgl. Carl Schmitt im terminologischen Anschluss an Nicolai Hartmann: Die Tyrannei der Werte, in: Die Tyrannei der Werte, hg. von Sepp Schelz, Hamburg 1979, 9-43. Vgl. zur Auseinandersetzung Eberhard Jüngel, Wertlose Wahrheit. Christliche Wahrheitserfahrung im Streit gegen die Tyrannei der Werte, in: Wertlose Wahrheit. Zur Identität und Relevanz des christlichen Glaubens. Theologische Erörterungen III, München 1990, 90-109 (Beiträge zur evangelischen Theologie 107).

bestätigen, was ohnehin geglaubt wird.[206]

Der christliche Glaube vertritt nicht bloß ein besonderes Gottes*bild* - das man übernehmen, bestreiten oder mit anderen vergleichen und auf Ähnlichkeiten oder Unähnlichkeiten abklopfen könnte, sondern kämpft gegen andere Götter - nicht bloß gegen andere Gottes*bilder*. Der Kampf besteht daran, dass andere Götter in ihrer Funktion als Götter entlarvt werden - auch dort, wo sie sich in etablierten Religionen oder in den christlichen Gemeinden zeigen. Dazu werden grundlegende, fundamentale Einsichten wieder wichtig, alte und neue christliche Kurzformeln: Christlicher Glaube sagt Ja zum Kommen der Herrschaft Gottes in Jesus Christus. Träger dieses Glaubens im Menschen ist der Heilige Geist. Die Trinitätslehre denkt theoretisch, was im Christen - und nur in ihm - geschieht.

Wie es dieser Tradition entspricht, die sich bei ihrer Entstehung auch profaner antiker Begriffe bedient hat, können grundsätzlich auch heutzutage gängige, ja populäre Begriffe verwendet werden, um die christlichen Einsichten zu formulieren.[207] Sie unterliegen dabei wie jedes Wort - auch die traditionellen - der Gefahr, zugleich auch nicht beabsichtigte Assoziationen und Konnotationen zu transportieren. Deshalb kann kein Begriff unkorrigiert verwendet werden. Wer beispielsweise gegenwärtig von Gott als Person spricht (und das zum Signum des christlichen Gottesverständnisses macht), übersieht, dass die theologische Tradition von „drei Personen in einem göttlichen Wesen" sprach und damit einen anderen Personenbegriff verwendete - ohne die heutzutage mit dem Wort ‚Person' konnotierte Individualität und Selbständigkeit.[208] Hilfreicher zum Verständnis Gottes dürften gegenwärtig Begriffe wie Dynamik und Energie sein: Sie haben eine

[206] Vgl. die Ausführungen Werbicks, auf die schon mehrfach hingewiesen wurde: Mag Glaube auch gegenwärtig als „Selbstinszenierungsrequisite" gefragt sein - der christliche Glaube ist viel zu sperrig, um sich erfolgreich als solche anbieten zu können.

[207] Pannenberg arbeitet in der Trinitätstheorie mit dem aus der Physik entlehnten Begriff des Feldes - ohne ihn jedoch physikalisch zu verstehen. Vgl. Wolfhart Pannenberg, Systematische Theologie, Bd. 1, Göttingen 1988, 414f.

[208] Vgl. Karl Rahner, Einführung ins Christentum, 140. Rahner versuchte deshalb, den Begriff der ‚Subsistenzweisen' einzuführen.

biblische[209] und theologiegeschichtliche[210] Tradition im Zusammenhang mit dem Gottesbegriff, den Beiklang von Leben, Macht und Bewegung und werden auch im Kontext des personalen Denkens verwendet.

Grundsätzlich neu bedacht werden muss das Verhältnis von Gottes Tun und Tun des Menschen - damit Gebete nicht weiterhin zu bloßen Wünschen verkommen[211] und religiöse Gute-Nacht-Geschichten für Kinder[212] nicht die Grenze zum Kitsch überschreiten. Dazu bedarf es einer neuen Sicht auf das Historische und auf die Wahrheit: Gegenwärtig gilt es als Wahrheitsbeweis, wenn sich nachweisen lässt, dass ein bestimmtes Ereignis geschehen ist: War das wirklich so oder nicht? Wirklich ist, was sich historisch nachweisen lässt. Demzufolge wird die gesamte Theologie in einen historischen Modus transponiert, Dogmatik zur Glaubenswissenschaft, zum Verstehen dessen, was Menschen glauben und geglaubt haben. Seine Wahrheit erhält der so verstandene Glaube dadurch, dass etwas historisch ‚wirklich' so oder so geglaubt wurde - also durch den Menschen. Ähnlich verhält es sich mit dem gegenwärtig gleichfalls verbreiteten nur scheinbaren Gegenmodell: Die Wahrheit einer Überzeugung bedarf keiner weiteren Legitimation, sondern sie trägt sich selbst. Wahr und wirklich ist, was wirkt. Der christliche Glaube hat zwar eine geschichtliche Dimension, insofern er an einem Ort einer

---

[209] Vgl. die Wortkombinationen von energeia und dynamis: 1 Kor 12, 10; Gal 3,5; Eph 3,7.

[210] Vgl. die Energienlehre der Orthodoxie: Reinhard Flogaus, Theosis bei Palamas und Luther. Ein Beitrag zum ökumenischen Gespräch, Göttingen 1997 (Forschungen zur systematischen und ökumenischen Theologie 78).

[211] Ich spiele an auf die gottesdienstliche (Um-)Gestaltung von Fürbitten zu Wünschen.

[212] Vgl. z.B. die Geschichte von Jakob, dem kleinen Albatros, der nicht fliegen kann. (Gabriele Heiser, Jakob ist kein armer Vogel! Reinbeck 1985 (rotfuchs).) Ist er damit etwa behindert? Davon ist keine Rede, er kann doch so viele andere Sachen: Er kann gut zuhören, wunderschön singen - nur fliegen kann er nicht. Nun wollen die anderen Albatrosse ihm helfen und geben gute Ratschläge. Sollte man ihn vielleicht gut füttern, damit er stark wird, um zu fliegen? Oder sollte er besser abnehmen, damit sein Körper nicht zu schwer ist? Die Geschichte fordert die Kinder auf, sich zu beteiligen: Wer hat die beste Idee? Im Religionsunterricht einer Berliner Grundschule dazu aufgefordert, machten die Kinder auch eine Reihe von Vorschlägen. Am Ende setzte sich einer durch, der jedem Konflikt aus dem Wege geht: Jakob, der lahme Albatros soll einfach wegziehen, dorthin, wo ihn keiner kennt, um dem Stress der guten Ratschläge aus dem Wege zu gehen. Nur: Fliegen kann er immer noch nicht. Und keiner traut sich, die grausame Wahrheit zu sagen: Ein Albatros, der nicht fliegen kann, ist ein toter Albatros.

bestimmten Zeit entstand und sich unter wechselnden historischen Bedingungen entfaltete, seinem Selbstverständnis nach ist es jedoch weder die jeweils rekonstruierte Geschichte noch das menschlich verstandene Glauben selbst, das die Wahrheit des Geglaubten gewährleistet, sondern Gott selbst: Das Tun des Menschen kann von sich selbst unterschieden werden. Wenn der Mensch am Werk ist „von ganzem Herzen, von ganzer Seele, von ganzem Gemüt und von allen ... Kräften" (Mk 12, 30par), ist Gottes Tun weder Ergänzung noch Gegensatz, sondern Glaube ist *ganz* Gottes Tun im Menschen und *ganz* menschliches Tun zugleich. Diese Einsicht lässt sich nicht in bloß *einem* Satz sinnvoll aussprechen (oder man formuliert bewusst widersprüchlich, wie das Dogma von Chalkedon: „unvermischt und unverwandelt, ungetrennt und ungesondert"[213]. Die christliche Gotteserfahrung von Gott als Vater, Sohn und Geist, das Bekenntnis zu Jesus Christus als „wahrem Gott und wahrem Menschen" hat also Konsequenzen für die Sprache des Glaubens: Zu jedem Glaubenssatz gehört auch ein Gegen-Satz und ein Satz, der das Verhältnis beider präzisiert.[214] Das ist das besondere Problem, das jede Kurzformel des christlichen Glaubens hat: Ein Satz ist nicht genug.

Nicht die christliche Kurzformel an sich, nicht einmal der kurze Slogan also ist das Phänomen, das zum Fundamentalismus zu rechnen ist - sondern erst die Isolation eines solchen Satzes von seinem Gegen-Satz und seinem Verhältnissatz. Selbst biblische, selbst ‚wahre Sätze' wie „Gott ist die Liebe" unterliegen den Bedingungen dieser Einsicht: Wenn wirklich von der Wahrheit Gottes die Rede sein soll, dann reicht der *eine* Satz nicht aus. Zum Fundamentalisten wird, wer einen Satz isoliert.

---

[213] Vgl. Johannes Wirsching, Lernziel Glauben, 87 und seine Überlegungen zur proportionalen Christologie (im Anschluss an Lothar Ullrich, Die Bedeutung des Symbolum Chalcedonense für die Christologie. Eine dogmengeschichtliche Übersicht zu den trinitarischen und christologischen Entscheidungen der Alten Kirche in systematischer Absicht, THV 15 Berlin 1985, 135 - 149) in: ders., Menschwerdung. Von der wahren Gestalt des Göttlichen, in: Die Weltlichkeit des Glaubens in der Alten Kirche. Festschrift für Ulrich Wickert zum siebzigsten Geburtstag, Berlin 1997, 435f.

[214] Ich schließe mich hier Überlegungen meines Lehrers Ludwig Hödl an, die dieser in (unveröffentlichten) Vorlesungen vorgestellt hat.

Dazu aber neigt das ‚neue Glauben‘: Gott ist die Liebe - und alles wird gut.[215] Das weiß man doch. Wer diesem Glauben anhängt, lebt in Harmonie mit sich und den Mitmenschen: ein Gott - ein Glaube. Jesus ist einer von vielen Erlösern, die doch alle nur das „Eine" wollten: Diesen Glauben an die Einheit alles Lebens verbreiten.[216] Die christliche Einsicht, dass Gott im Menschen Jesus den Tod nicht scheute, wird zum Kult des Lebens banalisiert. Die Risikogesellschaft muss dieses Leben feiern - und inszeniert es allerorten: (Ab-)Feiern ist Leben.

Die christliche Mission darf sich nun allerdings nicht darauf beschränken, die Banalität dieses Gedankens aufzudecken. Sie muss ihn auch als Ausdruck einer durchaus erlösungsbedürftigen Weltanschauung bezeichnen. Und grundsätzlich - auch innerhalb der verschiedenen christlichen Kirchen - muss sich wieder die Einsicht durchsetzen: Nicht wahre Einsichten über die Welt und den Menschen verschaffen dem Menschen das biblisch verheißene Heil, sondern allein Gott, wie er im Glauben an Jesus Christus zugänglich wird. Nicht das Leben, sondern Gott gilt es zu feiern. Die Zeit, Geschichte(n) zu erzählen[217] ist vorbei, jetzt sind Argumente und Einsichten gefragt.

---

[215] Vgl. die hinduistische Vereinnahmung dieses zentralen christlichen Satzes in: www.kriyayoga.com/Deutsch/aufdenfluegeln/mantram.htm am 18.9.06: „‘Gott ist Liebe‘ heilt dein eigenes Bild von Gott das du in deiner Aura trägst. Diese Bild von Gott mag auf Grund verschiedener Irrlehren in dieser oder früheren Inkarnationen entstanden sein. Das Mantram ‚Gott ist Liebe‘ ist wie eine mächtige mathematische Gleichung die dein vielleicht ‚angeschlagenes‘ oder verzerrtes Bild von Gott heilt und dich somit noch mehr für deinen spirituellen Fortschritt und für Gottes Liebe und Segen öffnet. Besonders im christlichen Kulturkreis ist durch das vollkommen falsche Bild des ‚strafenden Gottes‘ viel Schaden oder gar Angst vor Gott entstanden. Die wiederholte Anwendung des Mantram ‚Gott ist Liebe‘ führt zu einer vollkommenen Heilung solcher Schäden aus früheren oder der jetzigen Inkarnation - denn es ist die absolute Wahrheit. Diese Mantram ist ganz besonders mächtig und wertvoll für all diejenige Seelen, die in irgendeiner oder gar mehreren Inkarnationen im christlichen Bereich in einem Kloster gelebt oder einer Kirche als Priester oder gar in höheren Positionen gedient haben. Aber es mag auch für viele andere aussergewöhnlich heilende Wirkungen entfalten."

[216] Vgl. neben Eschbach, Quest (s.o. Anm. 179) auch Nathalie Woods Millenniumsroman (s.o. Anm. 177).

[217] Es fällt auf - beispielsweise mit Blick auf Veröffentlichungen und Dissertationen - dass die akademische Theologie hingegen immer stärker im historischen Modus betrieben wird, als Wissen vom Glauben. Das zunehmende Interesse von Studierenden der Theologie an Spiritualität zeigt eine andere Erwartungshaltung auf. Diese Studierenden sind aber nicht antiwissenschaftlich eingestellt, sondern empfinden historisches Konstruieren des Glaubens als defizient.

Wie aber steht es um den, der „seinen Glauben verloren hat"? Es gibt bewegende Zeugnisse von Menschen, die den Verlust ihres Kinderglaubens beklagen oder seufzen: „Wenn ich doch nur glauben könnte wie meine Oma...!" Wie reagieren sie auf die ‚Starkgläubigen'? Neben Trauer oder Abwehr gibt es auch hier ein neues Suchen nach der Hauptsache - nach Gott. Periphere Glaubensthemen und -zweifel werden zurückgestellt. Nürnberger fragt: „Worauf können wir bauen? Was ist es, das unserem Leben eine Gewißheit gibt? Ist es Gott? Wie können wir uns seiner neu versichern?"[218] Er resümiert (zutreffend) die erhaltenen Auskünfte protestantischer Theologie: „Weder die Werke der Moral noch die Werke des Intellekts noch der Verzicht auf jedes Denken führt zu Gott. Wir können nichts tun."[219] Seine Reaktion darauf ist eine Interpretation seines Zweifels. Im Anschluss an Ausführungen Ratzingers[220] bricht er dem Zweifel eine Lanze: „Der Zweifel als Ort der Kommunikation zwischen Kirche und Welt, Glaube und Unglaube - das ist doch ein Wort. ... Wenn wir schon nichts unternehmen können, um unseren Weg zu Gott zu finden, so können Gläubige und Ungläubige doch wenigstens miteinander reden, gemeinsam handeln und versuchen, für Gott offen zu sein. Der Rest ist dann Gottes Sache, denn mehr können wir nicht tun."[221]

Der christliche Glaube also redet von dem, was Gott getan hat: im Menschen Jesus und in den Gläubigen. Gott hat das menschliche Suchen nach dem

---

[218] Nürnberger, Kirche - wo bist du?, 281.

[219] A.a.O.

[220] Vgl. Ratzinger, Einführung ins Christentum, München 1972, 18: „Keiner kann dem Zweifel ganz, keiner dem Glauben ganz entrinnen; für den einen wird der Glaube *gegen den* Zweifel, für den andern *durch den* Zweifel und *in der Form des Zweifels* anwesend."

[221] Nürnberger, Kirche, wo bist du?, 282. Zutreffend fährt er fort: „Wenn die Protestanten Recht haben, sind wir, genau genommen, noch viel besser dran: Es ist gar nicht nötig, daß wir irgendetwas tun oder unternehmen. Wir müssen nicht einmal glauben." (a.a.O., 283) Das ist ein reifes Glaubensbekenntnis - im christlichen Kontext. Ohne Bezug zum christlichen Glauben jedoch , wie er sich in den ‚anstößigen' Glaubenszeugnissen niederschlägt, wird diese Einsicht entweder banal, zur christlichen Einvernahme Andersgläubiger - oder zum Ausdruck des neuen Glaubens, das alle zu Gerechtfertigten erklärt: Vgl. Ottmar Fuchs, In der Sünde auf dem Weg zur Gnade, in: Jahrbuch für Biblische Theologie, Bd. 9: Sünde und Gericht, Neukirchen-Vluyn 1994, 249: „Wenn Gott schon bedingungslos rechtfertigt, dann muß dieses Geschenk gerade für diejenigen gelten, denen er den Glauben nicht schenkt." Vgl. auch Nürnbergers Ausführungen, a.a.O., 284 im Anschluss an Tillich.

wahren Gott und den Zweifel an aller Religion dadurch geformt, dass er in Jesus zur Welt gekommen ist und durch seinen Geist Menschen glauben macht. Solcher Monotheismus ergibt sich nicht automatisch. Es gibt viele andere Möglichkeiten zu glauben - auch an einen Gott. Die wahre Provokation der Papstrede in Regensburg besteht darin, dass sie offenlegt, dass es allein der in Jesus Christus inkarnierte und offenbare Gott ist, von dem gesagt werden kann: „Nicht ‚mit dem Logos' handeln, ist dem Wesen Gottes zuwider."[222] Und der Glaube an diesen Gott verändert den Menschen und dessen Glaubensgewohnheiten: Das Risiko, an diesen Gott zu glauben, wird verschärft durch die Notwendigkeit, andere Götter zu entlarven. Das ist Mission. Mission wird damit nicht nur eine Aufgabe an den nachchristlichen Gesellschaften, sondern auch gegenüber nichtchristlichen Religionen.[223]

Das biblische Lebensmodell für die Christinnen und Christen ist das der Nachfolge Christi. Sie verspricht kein Leben in Harmonie, sondern ist nicht ohne Durchleben des Negativen.[224] Dennoch ist das Lebensmodell, das sich aus diesem Glauben ergibt, nicht der Kampf, sondern die Gelassenheit, die sich aus der Glaubensgewissheit ergibt, dass die von Jesus angekündigte Herrschaft Gottes sich durchsetzen wird, von Gott selbst durchgesetzt werden wird. Der Kampf um die Herrschaft des Einen, wie es der *Highlander*-Mythos will,[225] ist in der Tat ein postchristlicher Selbsterlösungskult, der das Eine an die Stelle des wahren Gottes rückt.[226] Der Glaube an den einen Gott ist keine unangefochtene Sicherheit, sondern eine Zielbestimmung. Erst, wenn das Reich Gottes sich gegen all die anderen Götter und Herrschaften durchgesetzt haben wird, wird es nur einen Gott ‚geben', den Vater Jesu

---

[222] A.a.O.

[223] Vor meiner Wahl zum Gemeindepfarrer wurde ich aus dem Gemeindekirchenrat - mit allen Anzeichen des Erschreckens - gefragt: „Wollen Sie etwa die Muslime missionieren?"

[224] Damit meine ich nicht nur das passive Erdulden von Leid, sondern auch das u. U. schmerzhafte aktive Durchbrechen des Harmoniegebotes. Es bleibt eine seltene (und gefährliche) Tat, öffentlich die geistigen Brandstifter zu verfluchen: „Mögen die in der Hölle schmoren, die Selbstmordattentäter Auserkor'n um ihre Drecksarbeit zu tun Mögen sie nie in Frieden ruh'n." (Xavier Naidoo in seinem Lied „Bist du am Leben interessiert").

[225] S.o. Anm. 48.

[226] Fallen nicht auch andere ‚Kämpfer für den einen Gott' dieser Verwechslung und dem Kampfmodell zum Opfer?

Christi.

Eine selbstbewusste Kirche, die selbstbewusst ist, weil sie sich des wahren Gottes bewusst ist, kann, ja muss darauf verzichten, sich selbst durchzusetzen: Gott selbst lässt seine Herrschaft kommen. Weil aber, wer schon jetzt davon weiß, den Gewinn dieser Gewissheit hat, kann die christliche Verkündigung den Menschen nicht nur Pascals Wette[227] anbieten („Pascal argumentiert, es sei stets eine bessere „Wette", an Gott zu glauben, weil der Erwartungswert des Gewinns, der durch den Glauben an Gott erreicht werden könnte, stets größer sei als der Erwartungswert im Falle des Unglaubens."[228]), sondern in ihren Gottesdiensten den Anbruch seiner Herrschaft feiern. Und in der Theologie hat der anthropologischen Wende eine Wende zu Gott zu folgen.

16. Ein letztes Erlebnis

Am 11. September 2001 war ich in Süditalien, in Elea, der Stadt des Parmenides, des Philosophen des Einen, und besichtigte die Ausgrabungen. Unter erschwerten Bedingungen nach Deutschland zurückgekehrt, nahm ich

---

[227] Vgl. Pascal, Pensées, Nr. 233: „Angenommen es sei sicher, dass es Gott gibt oder ihn nicht gibt, und dass es keinen Mittelweg gibt. Für welche Seite werden wir uns entscheiden? ... Lassen Sie uns ein Spiel spielen, bei dem es zu einer Entscheidung für "Kopf oder Zahl" kommt. Mit Vernunft können wir weder das eine noch das andere versichern; mit Vernunft können wir weder das eine noch das andere ausschließen. Verfallen Sie also nicht dem Irrtum, dass hierbei eine richtige Wahl getroffen werden könnte, denn Sie wissen nicht, ob Sie falsch liegen oder schlecht gewählt haben ... Sowohl wer sich für "Kopf" entscheidet, als auch wer sich für "Zahl" entscheidet, beide liegen falsch: Die Wahrheit kann nicht durch eine Wette entschieden werden, aber es muss gewettet werden. Es gibt keine Freiwilligkeit, Sie müssen sich darauf einlassen. Wenn Sie nicht wetten, dass es Gott gibt, müssen Sie wetten, dass es ihn nicht gibt. Wofür entscheiden Sie sich? Wägen wir den Verlust dafür ab, dass Sie sich dafür entschieden haben, dass es Gott gibt: Wenn Sie gewinnen, gewinnen Sie alles, wenn Sie verlieren, verlieren Sie nichts. Setzen Sie also ohne zu zögern darauf, dass es ihn gibt." (zitiert nach Art. Pascalsche Wette, in: Wikipedia, vom 19.9.06).

[228] Art. Pascalsche Wette, in: Wikipedia vom 19.9.06. Neben logischer Problematik - Pascal suggeriert, es geben nur zwei Möglichkeiten - hat die „Wette" auch die theologische eines ‚berechnenden' Glaubens.

an einem Gottesdienst teil, den eine junge Kollegin hielt. Im Nachgespräch rang man verzweifelt um Deutungen. Mir fiel wenig ein, die Nachrichtenlage in Italien war dürftig gewesen. Aber sofort war sie da, die Frage, nein, die Behauptung: „Wie können die Attentäter das bloß tun? Wir haben doch alle denselben Gott!" Direkt auf meine Meinung dazu angesprochen, konnte ich nur murmeln: „Wirklich? Ich bin mir da nicht so sicher." „Aber es gibt doch nur einen Gott...!" Das gab mir den Anstoß zu diesem langen Aufsatz mit seinen vielen unausgeführten Facetten, diese Frage - und ein Erlebnis, das die Kollegin bei dem Nachgespräch erzählte: In der Schule, in der sie Religionsunterricht erteilte, war zu Schuljahresbeginn islamischer Religionsunterricht eingeführt worden. Im Kreis der Lehrerinnen und Lehrer hatte der muslimische Lehrer nun einen schweren Stand und wurde von vielen ‚geschnitten'. Ihr beherrschender Eindruck aber war: Die Ablehnung, die *ihm* entgegenschlug, sie galt auch *ihr*, der Christin, die evangelischen Religionsunterricht erteilte. Meine Deutung heute: An ihrer Schule herrschte die neue Religion des einen Gottes ‚Toleranz', der alle zwingt, konkurrierende Überzeugungen *aufzugeben*, statt sie zu tolerieren - auf dass ‚Harmonie' herrsche.

17. Schluss?

Was wird aus den kurzen Glaubenssätzen, mit denen ich meine Überlegungen begonnen habe? Ohne ihren ursprünglichen Kontext, isoliert vom kirchlichen Glauben und vom Bekenntnis zu Jesus Christus erscheinen sie als Ausdruck einer neuen Religion, eines Glaubens, der das Christentum absorbiert und sich zu einem neuen universalen Glauben weiterentwickelt hat. Sollte man in der kirchlichen Arbeit deshalb auf sie verzichten? Gewiss nicht, denn wie alles menschliche Reden sind sie nicht nur anfällig für Missbrauch, sondern auch wahrheitsfähig. Obendrein sind sie an sich vielfältig.[229] Zudem: Nicht alle, die sie verwenden, sind Anhänger der von mir analysierten

---

[229] „Jesus liebt dich" enthält eben jenen konkreten Bezug zu Jesus Christus, auf den „Gott ist die Liebe" verzichtet.

„Religion des Einen".[230] Dennoch ist im Umgang mit ihnen größere Sensibilität angebracht. Es kommt auf den theoretischen und lebenspraktischen Kontext an, ob ein Satz wie „Gott ist die Liebe" als legitime, wenn auch (allzu verkürzte) Kurzformel des christlichen Glaubens dient, zur Rede vom ‚lieben Gott' verflacht - oder zum Glaubensbekenntnis eines neuen Glaubens wird, der das Christentum hinter sich lässt und zu beerben sucht. Das neue Glauben zeigt sich ja nicht offen. Es versteckt sich - auch hinter frommen Worten. Die kurzen Sätze sind - christlich gesehen - lediglich Zugang zum Geheimnis des christlichen Glaubens: Zur Geschichte Jesu von Nazareth, zur Glaubensgeschichte der Juden an den einen Gott und zum christlichen Bekenntnis an den gekreuzigten Auferstandenen als den Herrn der Welt, dessen Geist uns an ihn glauben lässt. Der christliche Glaube endet ja nicht angesichts des Leidens der Geschöpfe, sondern beginnt mit einer Leiche, mit der Leiche eines „im Namen des Gesetzes" Hingerichteten - und beantwortet die Frage, was die mit dem Gott zu tun hat, den er seinen Vater nannte. Dabei prägt er das Verständnis anthropologisch grundlegender Kategorien um: Liebe ist, was sich von Gott in Jesus gezeigt hat - das Kommen Gottes zur Welt, die ihre eigenen Götter hat - mit dem Ziel, diese zu vertreiben. Die Folge für den Menschen: Er braucht nicht mehr selbst Gott zu spielen und ist dem „Fluch der guten Tat" nicht mehr ausgeliefert.

Davon kann man in kurzen Sätzen sprechen: „Ich glaube... Amen."[231] - jedoch nicht, ohne diese Sätze offenzuhalten für die ganze Geschichte Gottes mit den Menschen, wie sie Altes und Neues Testament und die Geschichte der christlichen Kirchen in großer Vielfalt und Widersprüchlichkeit bezeugen. Christ ist deshalb nicht, wer die richtigen Sätze weiß und sagt, sondern wer offen ist für die Herrschaft des Gottes, den Jesus seinen Vater nannte. Die Offenheit für diesen Gott schließt die Absage an alle anderen Götter ein.

18. Fazit

Der christliche Glaube steht gegenwärtig nicht nur in Konkurrenz zu

---

[230] Quantifizierender Aussagen enthalte ich mich. Das wäre Aufgabe einer religionssoziologischen Untersuchung. S. o. S. 5f..
[231] Vgl. Ratzinger, Einführung in das Christentum, 17-69.

Atheismus und Islam und zu aus Hinduismus und Buddhismus schöpfenden Weltanschauungen, sondern hat sich aus sich selbst heraus zu verändern begonnen. Viele Menschen - darunter auch Mitglieder christlicher Kirchen - haben ihren Glauben an Gott von Jesus Christus (oder ihren Glauben an Jesus von Gott) gelöst: Was öffentlich noch als Christentum erscheinen mag, ist wieder Religion geworden, näherhin: zu einem gnostisierenden System der Weltdeutung, das sich der Harmonie und der Toleranz verschrieben hat. Der Glaube an einen Gott der Liebe wird nicht nur lebenspraktisch als Einwand gegen die an massiven Liebesforderungen scheiternden Christen verwendet, sondern dient grundsätzlich als Argument gegen das christologische Konzept von Sünde und Erlösung: „Ich will nicht, dass einer für mich stirbt." Das neue Glauben versteht sich als dem Christentum moralisch und theoretisch überlegen: Gott will kein Blut. „Es ist, als wollten wir Gott das Evangelium predigen, um ihn davon abzubringen, uns zu strafen".[232] Von Jesu Passion gelöstes Glauben aber ist *in* und modern, bloß historisches Wissen - und damit auch im Modus von rekonstruierter Geschichte betriebene theologische Wissenschaft - erscheint belanglos.

Die christliche Verkündigung sollte dieses neue Glauben aufdecken und verstärkt zur Geltung bringen, was ihren eigenen Ursprung bestimmt hat: die Überwindung des Todes, die mit Jesu Auferstehung in der Macht Gottes begonnen hat, und das Wissen um die wahre Gestalt des Göttlichen: Der eine Gott war im Menschen Jesus und macht Menschen in der Kraft seines Geistes an sich glauben. Dieser trinitarische Glaube versteht, wer Gott ist; theoretisch formuliert: Er weiß um das Wesen des Einen. Möglich wird das nicht durch Erkenntnis des in der Welt anwesenden Logos, sondern durch Reflexion über die Bedeutung von Person und Werk Jesu Christi. Der Dialog der Religionen wird dann zum Austausch über Glaubensinhalte: über Gemeinsames und Verschiedenes. Toleranz bewiesen wird im Erleiden und

---

[232] Frank Schätzing, Der Schwarm, Taschenbuchausgabe, Frankfurt 2005, 986. Bei Schätzing steht diese pointierte Bemerkung allerdings nicht in einem bloß analytischen Kontext, sondern leitet den Abschied vom Christentum ein. Er bescheinigt ihm, sich nur mit der Folge der Selbstauflösung auf die - in seinem Roman geschilderte, insoweit also fiktive - Situation der Begegnung mit einer Intelligenz ohne Passionsgeschichte einlassen zu können.

Erdulden der Verschiedenheit, denn wir haben nicht alle denselben Gott. Von der Liebe Gottes lässt sich christlich nur sprechen im Blick auf das Kreuz Jesu Christi.

Literaturverzeichnis

Im Folgenden wird nur auf für das Thema grundlegende Literatur hingewiesen. Einzelnachweise sind in den Anmerkungen zu finden.

Bekenntnis zu dem einen Gott? Christen und Muslime zwischen Mission und Dialog, hg. von Rudolf Weth, Neukirchen-Vluyn 2000.

Dalferth, Ingolf Ulrich: „Was Gott ist, bestimme ich!“ Theologie im Zeitalter der „Cafeteria-Religion“, in: Theologische Literaturzeitung 121 (1996) 415-430.

Gellmann, Marc/Hartmann, Thomas: Wie buchstabiert man Gott? Die großen Fragen und die Antwort der Religionen, Hamburg 1996.

Jörns, Klaus Peter: Die neuen Gesichter Gottes. Was die Menschen heute wirklich glauben. München ^{2}1999.

Jörns, Klaus-Peter: Notwendige Abschiede. Auf dem Weg zu einem glaubwürdigen Christentum, Gütersloh ^{2}2005.

Kliemann, Peter: Glauben ist menschlich. Argumente für die Torheit vom gekreuzigten Gott, Stuttgart 21990.

Nürnberger, Christian: Kirche, wo bist du?, München 2000.

Ruster, Thomas: Der verwechselbare Gott. Theologie nach der Entflechtung von Christentum und Religion, Freiburg 2000 (Quaestiones disputatae 181).

Werbick, Jürgen: Vom Wagnis des Christseins. Wie glaubwürdig ist der Glaube?, München 1995.

Wirsching, Johannes: Lernziel Glauben. Einführung in die Theologie, Neuausgabe Frankfurt 1995.

Wirsching, Johannes, Allah allein ist Gott. Über die Herausforderung der christlichen Welt durch den Islam, Frankfurt 2002.

Printed by Books on Demand GmbH, Norderstedt / Germany